◆ 扫码关注韦老师，教育路上一同成长

◆ 15618637766

学习脑

激活孩子大脑潜能

韦易然◎著

中国言实出版社

图书在版编目(CIP)数据

学习脑：激活孩子大脑潜能 / 韦易然著. — 北京：
中国言实出版社, 2022.12
ISBN 978-7-5171-4344-4

Ⅰ. ①学… Ⅱ. ①韦… Ⅲ. ①学习方法—儿童教育—
家庭教育 Ⅳ. ①G791②G782

中国国家版本馆CIP数据核字(2023)第005447号

学习脑：激活孩子大脑潜能

责任编辑：薛 磊
责任校对：李 岩

中国言实出版社出版发行
地　　址：北京市朝阳区北苑路180号加利大厦5号楼105室（100101）
编 辑 部：北京市海淀区花园路6号院B座6层（100088）
电　　话：010-64924853（总编室）　010-64924716（发行部）
网　　址：www.zgyscbs.cn
电子邮箱：zgyscbs@263.net

经销：新华书店
印刷：河北盛世彩捷印刷有限公司
版次：2023年2月第1版　2023年2月第1次印刷
规格：880毫米×1230毫米　1/32　7.75印张
字数：145千字

定价：49.00元
书号：ISBN 978-7-5171-4344-4

每个孩子都有不可思议的大脑

每个孩子都曾经幻想自己能够成为超人，无所不知，无所不能，可当他们从幻想回归现实的时候，却要为每天的学习内容绞尽脑汁。这时他们心中就会开始幻想：如果有那么一支神奇的笔，让自己不管什么考试都能答对；倘若有个小人儿能够在考试时告诉我答案。我们必须意识到，孩子心中对助力的期许，夹杂着对自己的不自信。我们要让孩子知道，让自己发生改变的从来都不是什么魔法，只需要让他们发挥好自己的内在力量，就够了。

内在力量，是孩子学习的主要推动力，要提高这种内在力量，首先要从大脑说起。大脑是我们整个身体的中央司令部，它让我们能够学习认知、控制情感、思考和创造。它是通往情绪的门户，是主导我们思维和行动的中枢，让我们能够深刻地体验生活，更细致地感受这个鲜活的世界。

现在让我们一起闭上眼睛，心算一下8390297乘以2得多少？预备！开始！如果你的孩子能在几秒钟后告诉你正确答案的话，你一定会格外惊喜。事实证明，大多数孩子是可以拥有这项能力的。

很多人会想当然地将学习这件事归咎于智商水准，但认真分析我们就会发现，智商并不是学习成绩的决定因素。相反，在大脑的内置设计中存在着大量的空间，它是可以任由我们自主创造和改变的，在脑细胞构成的回路里，每天都在创造着各种各样的奇迹，只是我们当中的很多人，从来没有意识到，更没有真正探寻过究竟我们的大脑是如何运转的。

很多父母都有这样的疑问：我的孩子明明跟其他孩子上着同样的课程，跟着同样的老师，花了同样多的时间，做了一样的习题，为何成绩却如此悬殊？面对孩子的教育，明明自己花费了很多时间去训练他，为什么最终成效甚低？难不成孩子在天分上真的与其他孩子相差甚远，没有灵活的大脑吗？

很多父母为此操碎了心，同时也让孩子大脑接收到一个错误的指令——“我在这方面与别人存在差距，我无法做一个父母眼中学习优异的孩子。”时间一长，这种暗示就会在孩子的大脑中形成一个强烈信号，本能地认同自己不如对手，从而丧失学习的信心。这也是大脑传递消极信号的本能反应，它悄然地锁住了无限的空间。

曾经有这样一个孩子，数学成绩始终不理想，被老师视为差等生。孩子的父母为了能让儿子获得更好的教育，采用各种方法去激励孩子，并想办法帮孩子建立自信。这也促使了孩子更加努力地学习。之后的他，在数学上取得了很大进步，但却始终对自己不够自信。

直到有一天，他解决了一道老师都感到头疼的数学题，一跃成为班里的优等生。他开始意识到，这个世界上的事情没有那么难，只需要不断地进行内在开发，就能成功，不用在意别人的评价和眼光。这个人，就是后来名噪一时的心理学家阿德勒。

阿德勒用自己的经历告诉人们：人的潜力是没有局限的，更不是天生注定的，只要肯挖掘，每个人都可以拥有成功和飞越的机会。当一个人从局限中突破出来，他的大脑就会立刻转换成另外一个模式，一个完全自由没有边界的创造模式，它可以创造出任何东西。

想到这儿，作为父母，我们培养孩子的信心会不会重新树立起来呢？大脑就是如此不可思议，而每个孩子都有这样一个神奇的内置，它的灵性需要被调动起来，它需要用最好的方式和方法去塑造，而这一切，就是我们家长要努力帮助孩子做到的。毫无疑问，大脑先天具有学习的功能，而怎样将这项功能发挥到极致，需要我们进一步了解它、训练它、调动它。在这件事上，机会属于我们每一个人，只要早一步实行战略，就会早一步得到收获，而那些看似不可能的事，只要大脑思路一打开，就有了成功的可能。

或许你与这一切只欠一个开始，而当下就是一个绝佳的时刻。既然我们对学习型大脑如此渴望，那就从现在开始理清思路，带着孩子一起来付诸行动吧！

目录

01 突破极限，激发孩子自主学习的脑科学

02 双减后的自主学习，学习效率是关键

03 深挖潜能，让学习变成神经本能

04 优化逻辑，一场受益终生的强效训练

05 突破三观，打通思维模式的奇经八脉

06 维持动力，学习是一项可持续开发的内驱力

07 转变思维，培养有价值的新习惯

08 夜脑运行，每一场睡眠都值得认真对待

Learning brain

activate children's brain potential

01 突破极限，激发孩子自主学习的脑科学

自主学习是学习型大脑的基础程序

人的一生中，大部分的知识都来自自主学习。要是我们能够通过自主学习把大脑的潜力更好地发挥出来，就足以超过大多数周围的人。我们或许可以轻松背诵整本百科全书、学会40种语言、拿下多个博士学位。可以说，自主学习就是学习型大脑的基础程序。

当下，疫情依旧在持续，孩子自主学习的时间达到前所未有的长度。如果孩子在此时不具备自主学习的能力，很可能落后于他人。

此外，不会自主学习还会给孩子带来以下不利影响。首先，在校学习的质量比会自主学习的孩子低。因为自主学习能力不仅能提高学生的记忆能力，还能促使他对所学内容有更深的了解，这是孩子掌握知识的关键因素。其次，自律性、独立性、创造性都会弱于习惯自主学习的孩子，严重影响学习效率。不仅科技发明离不开自律性、独立性和创造性，想要掌握先进的学习方法，也离不开这三个学习要素。

自律性暂且不提。就说独立性和创造力。独立性强的孩子，在课堂上不会盲从老师。主要表现为，记笔记有所挑选、对老师的讲解敢于质疑。所以他能在有限的学习时间内，学习到更多的东西。而拥有创造力，孩子想问题的角度就会更多，解决问题的方法也就更多，自然对学习能力的提高非常有帮助。

下面我们再从脑科学的角度来看，为什么自主学习会被一些人称为学习脑的基础程序。

人的大脑由内而外分为三层，即爬虫脑、哺乳脑、皮质脑。爬虫脑是大脑最原始的部分，因此也被称为原始脑。一旦受到刺激，马上会产生战斗或逃离的想法，所以它最需要的就是安全感。

人体的哺乳脑，包含感觉和情绪，拥有玩乐的欲望，是产生荷尔蒙的系统，管控人的情绪、感情、性欲，以及人的健康系统。

例如，一个人学习时心情愉悦，他看书就会更加专注，记忆力随之增强，学过的知识就不容易忘记。反之，一个人因做错题被家长或老师训斥，心情就会变得抑郁，哺乳脑就会对知识自动屏蔽，而且越是心情差，屏蔽得越厉害。

所以，要是我们一直让孩子处于一种焦虑的状态，他的哺乳脑就会处在一个几乎停滞的状态，学习的效率也不可能提高。结果越学习效率越低，心情越抑郁，大脑越是屏蔽得厉害，这样就形成了一个恶性循环。

正是因为哺乳脑的特殊性，所以我们在学习时要建立信心。不管知识有多么难理解，只要我们有信心战胜它，哺乳脑就会积极主动地吸取和分析知识；若是灰心丧气，哺乳脑就会进入停滞状态。简言之，我们做梦考第一和真正考第一，对哺乳脑的激发作用是一样的。因此，有人用冥想的方式去开发大脑的潜力。

一个孩子学习很努力，但是他自认为无法进入心仪的学校，因而灰心丧气，成绩下滑。妈妈见状，对他说："不要总想自己考不上，而是多想想，你考上后，人生会有多少种可能性。况且你这么努力，本就有考上的实力。"

孩子在妈妈的开导下，开始想自己考上后，将来可能出现的场景。他越想越喜悦，看书的时候，学习效率也提升了。这使他更有学习的动力。后来，他在学校的模拟考试中，分数大幅度提升，于是他更加努力地看书，最终考上了目标学校。

人们常说信心是一个人成功的基础。因为有信心，你才会主动而积极地去学习，从而提升学习效率。这样的进步，会促使孩子更加努力。这对学习来讲是一种良性循环。必然会推动孩子取得更大的成功。

此外，我们教导孩子建立信心的时候，还应该像案例中的妈妈一样，让孩子多想想成功后人生的可能性。因为多想，时间一久就会上升为类似信仰一样的东西。当孩子每次面对学习的时候都是兴奋的、放松的，智慧之门自然就打开了。这就是哺乳脑的神秘之处。

皮质脑的功能是逻辑、分析与思考。

许多家长现在应该明白了，一个自主学习能力强的孩子和一个自主学习能力差的孩子，大脑在知识上给二者的反馈是完全不一样的。

接下来，我们通过自主学习的概念和目标，来分析它和我们传统教育方式有什么不同。

自主学习是一种现代化的学习方式。顾名思义，就是把学生作为学习的主体，通过学生独立地分析、实践、质疑、创造来实现学习目标。这可以改变传统教育过于强调接受学习、强迫学习造成的死记硬背的状况，使孩子乐于学习和探究知识，并通过学习不断增强学习的动力，解决孩子厌学问题。

可见，要是我们在孩子学习的过程中，总是让他被动接受知识，并对他的错误指责谩骂，大脑就会因为缺少安全感而收缩，甚至让孩子产生一种“我不适合学习”的想法。这样一来，脑皮层得不到一点锻炼，我们也就无法给孩子打造一个学习脑。

我们应该收起接受式和强迫式的教育方式，让孩子通过自主学习建立学习兴趣，增强自主学习的能力并掌握自主学习方法。这不仅能让孩子爱上学习，而且能够帮助他树立终身学习的意识，取得好成绩。

培养学习型大脑的方法和原则

孩子无论到了学习的哪一个阶段，都会面临新的知识，以及其他方面的挑战。有些家长对孩子的期望过高，希望孩子尽快学会新的知识，或者适应新的环境，希望他们马上就有一个学习脑。这是不现实的。因为学习脑的形成过程如同把意识上升为一种习惯，这不仅需要漫长的时间，还要讲求方法和原则，否则很可能适得其反。

首先，我们从孩子可自主支配的时间来说，虽然比以前多了一些，但终归有限。要是家长把孩子的课余时间排得太满，孩子的大脑很可能因为过于疲劳而失去安全感，从而影响学习。其次，从孩子信心的建立来说，如果我们经常夸奖孩子，而他的表现又不是很好，久而久之，他们会把夸奖当成虚伪，从而降低学习的动力。

下面，我们就从孩子的时间管理和信心建立两个方面，来看看可采用的方法和原则。

办法一：制作合理的作息时间表

一些家长认为凡事精细化，对打造孩子的学习脑最有帮助。于是把孩子做作业、锻炼身体、洗澡、睡觉的时间都规定得非常严格，而且非常琐碎。其实这是十分错误的行为。因为它没有给孩子的大脑留下弹性空间。孩子一旦达不到要求，就会因为紧张而失去学习的兴趣。孩子学习脑的培养就被扼杀在了萌芽期。

但是一些重要的事件应该有相对严格的规定。如，休息时间、锻炼时间。要是孩子睡眠不足，必然影响学习状态，不利于形成学习脑。而如果锻炼时间过短，孩子的兴奋点无法马上转移到学习上来，也不利于学习脑的形成。

办法二：制作每日学习计划表

让孩子制作每日学习计划表。这有一个巨大的好处，就是能改变孩子学习上的不良习惯，避免孩子因为拖延积累大量任务，造成积重难返的现象。这种现象对孩子来说是巨大的恐惧，大脑会为此屏蔽很多重要信息。那么，我们该如何制作这份表呢？帮孩子把学习任务都列出来，根据难易程度去分配每天的任务量，难的少一些，简单的多一些。要是很轻松就完成了任务量，就适当增加一些。超额完成任务的愉悦心情，能让大脑更爱学习。

办法三：自我评价表

让孩子针对自己的学习计划表和作息时间表，进行自我评价。达标的地方就用笑脸做标识，没达标的分析原因是来自主观方面还是客观方面。如果任务的难度太大，可以调简单一些，以免影响孩子学习的积极性。

有些家长采用了上述办法，却没能帮孩子打造出学习脑。主要原因就是因为不懂以下原则，才让孩子在学习上事倍功半。现在，我们就来看看，家长必须要遵守的一些原则。

原则一：小难度原则

我们培养孩子的计算能力，会先教孩子加减法，然后再教乘除法，遵循的是小难度原则。试想，孩子连加法都不会，就学乘法，他必然无法理解乘法的道理。如此一来，中脑处于迷惑状态，就不向脑皮层传送信息了，这会导致孩子的学习处于停滞状态。所以我们要考虑知识之间的连带关系、孩子的学习能力等客观因素，对孩子稍微增加一点难度，让孩子因成功获得成就感，进而提高学习热情，而不是知难而退。

原则二：及时激励

许多孩子认真学习的主要原因之一是，希望父母认可他是一个听话的好孩子。因此，孩子完成一些挑战性很大的任务时，应该给予表扬，以调动孩子学习的积极性。有些孩子很努力，但是成绩提高很小。我们可以夸奖他的学习态度。千万不要很久才激励孩子，这样孩子很可能因为你的冷漠，降低了学习的热情。

原则三：分享原则

分享是人的天性。尤其是小孩子愿意通过分享让别人见证他的优秀。

某日，我去爬山。山上有个叫“天梯”的景点。阶梯又陡又窄，只有一侧有保护安全的铁栏杆。一个4岁的小女孩要自己爬。妈妈在前面引导，爸爸在后面保护。一家人爬上天梯后，小女孩大声说：“我很厉害的。”围观的游客都给小女孩鼓掌。这样的经历对孩子建立自信心非常有帮助，因此家长可以把孩子成功的经历以图片、视频、文字等方式与亲朋好友分享，这可让孩子得到更多的鼓励。

原则四：独特性原则

你是否羡慕过那些过目成诵的人，或者只看了一篇文章的前几段，就能猜想出以后的内容的人？而我们自己看书却不是记不住，就是毫无想象力，非得全部读完，才知道作者在说什么。

其实我们完全不必羡慕他们。日本脑科学家加藤俊德说，每个人大脑各区的发展程度不同，所以看书的效果也各不相同，所以我们应该根据孩子的大脑的特点，去帮他找到最适合的学习方法。

下面我们来看以下几种常见的阅读模式，你看看你的孩子属于哪一种：擅长仿写和背诵，喜欢人物对话；愿意看小说，有的书会重读，注重读书环境；喜欢漫画、诗词、游记；喜欢读名人推荐的书，会记住感人的话语，愿意与他人交流读书的心得体会；关注故事的写作背景，对书有个人的见解；可以同时读很多本书，并记住书中的关键字，有偏爱的作家；擅长摘要文字和联想，愿意把故事分享给他人。

我们可以根据以上分类，把孩子学习的类型划分为听觉型、视觉型、感情型、理解型、思考型、记忆型、表达型。通过对孩子的观察，我们可以大致确定孩子属于哪种学习类型，进而帮孩子找到适合的学习方法。我以听觉型孩子为例。我们想要提高此类型孩子的学习效率，就应该让他主要通过听觉来学习，比如听书、听演讲，或者让他看书的时候默念，都有助于他学习。我们要是像对待记忆型的孩子那样，让他通过阅读来记忆知识，反而会降低他的学习效率。

我们帮孩子打造学习脑，切记方法和原则要同时进行，方法决定效率，原则决定方向，只有全部重视，才能给孩子打造一个高效的学习脑。

通路？大脑又在节省能量了

通路是一个信息领域的概念，通路是一种最高效率的做事法则，用最小的能量传输，创造出最多的信息，并将这些信息转换为最大能量。大脑通路的主要原因也是为了节省能量，而选择走捷径。大脑为什么会有这样的思维方式？原因就是“懒”。当我们做出一个决定以前，大脑不会事无巨细地去想前因后果，而是依赖于经验、猜测等思维方式去简化思索的过程，也就是大脑通路。

我们了解了大脑通路形成的原因以后，在孩子做作业的时候，就应该告诉他们要避免直接依赖经验、猜测等思维方式去思考，而是要先仔细思考问题。尤其是做阅读理解题的时候，许多信息会导致孩子得出一个错误的结论。

一位小学语文老师，给大家分析白居易和辛弃疾的诗歌特点，说白居易的诗歌特点是文字浅显、少用典故、喜欢写生活中常见的事物，并以白居易的《忆江南》为例进行分析。而说到辛弃疾的诗歌特点时，老师总结为：意境宏大、善于运用奇特的想象、夸张和比兴手法，善于运用具有特色的语言，能够打破词固有的传统形式和格律束缚。通过这堂课，孩子们对两位诗人的语言特点印象深刻。

到了语文考试的时候，有一道选择题，问“稻花香里说丰年，听取蛙声一片”这一诗句，是谁写的。选项是：白居易、杜甫、李白、辛弃疾。结果居然选择白居易的人最多，其次是杜甫，李白无人选，选择正确答案辛弃疾的只有两人。

选择白居易的学生说，这首诗歌的风格浅显，很像白居易的风格；选杜甫的同学说，杜甫关心民生疾苦，所以更有可能去写丰收的景象；大家都不选李白的原因是，这不是李白的风格；选辛弃疾的一名学生说，这个诗句，前半句七个字，后半句六个字，不像唐朝人做的诗，而另一名学生则是在《宋词三百首》上看过这首词。

在案例中，大多数学生是凭借经验和已有知识去猜测，只有两名同学选择了正确答案，一个靠的是观察和分析，另一名靠的是记忆。很明显，学生面对不会的试题时，观察和分析是最有效的办法。因为人习惯以自己的认知为猜测的出发点，所以很容易被固有的思维局限住，而忽略了更大的可能性。

比如，你正在录入客户信息，发现有一位客户的信息不完整，只有：韦德，来自美国，身高1.95米。职业一栏里的勾打得很不清楚。好像画在了“篮球运动员”身上，又好像画在了“银行经理”身上。但是这个信息，你必须得填进去，你会选择哪一项？是不是更倾向于选择篮球运动员？

这就是你的大脑出现了大脑通路的现象，才得出的这个结论。因为你被韦德和身高1.95米的信息误导了。美国著名篮球明星德怀恩·韦德的身高是1.95米，可是，他做外贸生意的可能性很小，也许只是一个同名的人。我们再从概率的角度来分析客户的职业。在美国银行经理的人数和篮球运动员的比是50:1，也就是说，客户是银行经理的概率更高。此外，从美国人的身高来看，身高1.95米的银行经理也远比篮球队员多。所以这个客户的职业更有可能是银行经理。但是这样大费周章的推理过程，大脑会刻意回避。

这就是我们的大脑，它常以固有思维的方式回避过多的思考。因此，我们在培养孩子学习脑的时候，一定不能忽略对孩子逻辑思维能力的锻炼。可以让孩子做一些趣味测试题，它能锻炼孩子逻辑思维的能力。

当孩子逻辑思维的能力增强以后，他再面对问题时，就不会选择用最简单的方式去思考，这对提高做题的准确率极有帮助。

合理编程，你的大脑你做主

著名心理学家丹尼尔·卡尼曼在他的著作《思考，快与慢》中为我们描绘了大脑的两个系统。为了方便记忆，我把其称为“快系统”和“慢系统”。慢系统使我们能够意识到该怎么去做。例如，为了玩游戏获胜，我们得刻意学习一些操作要领。而快系统是在我们意识不到的情况下自动运行的。例如，我们走路时不小心踩空时的反应，打球时不必思考的惯性动作，等等。

以编程的角度来看待大脑的这种运作方式，足以解释人类学习的过程。例如，走路不是孩子天生就会的技能，但是他为了达到某种目的，要有意识地进行很多辛苦的训练才能学会走路，但是当他熟练了这个动作后，再想去某个地方时，行走就会成为不必思考的惯性动作。

其实这种惯性动作也不是不经思考，而是大脑里的快系统意识到孩子想要走的时候，马上向其身体发出了快速的指令，所以孩子才能马上就行动。要是靠慢系统去控制自己的身体，走路就变成了一个要很久才能完成的任务。此外，快系统是可以通过慢系统的反复训练自动形成的。因此我们才没有因为走路时要思考先迈哪一只脚，或如何协调身体而跌倒。

我们所完成的诸多活动，都是由快系统产生的惯性和少量由慢系统产生的有意控制而完成的。现在我们知道了大脑的运作方式，接下来就可以针对学习的过程，去合理编程你的大脑，让自己成为学习的主人。

孩子学习的最初阶段，是由慢系统来控制的。缓慢、费力，孩子要靠有意控制才能运行。此时孩子的学习能力处于非常初级的阶段。他因为要调动意识去协调动作，还得观察周围的环境，所以不仅动作容易变形，还容易分心。此时，也有些家长会觉得孩子注意力不够集中，催促孩子马上完成一个动作，这对孩子来说是很难办到的。

方芳去医院看望患病的老人，当老人干咳的时候，她把水倒入水杯快速递过去，可是老人的行动能力已经不适应她的速度了。过了几天，她带孩子去看老人。孩子缓慢地把水杯倒满，慢慢地把水递给老人，这个节奏正适合老人的运动能力。

这时，方芳才意识到，自己以前总嫌孩子动作磨蹭，不是孩子性格的原因，而是孩子的运动能力就像老人一样弱。此外，他还缺少这方面的锻炼，一切都得靠意识去操作，所以缓慢是自然的。

此后，孩子做任何活动时，方芳只提醒他集中注意力，而不是要求他快速完成。孩子经过不断地重复，学习的速度得到了极大提升，而且对学习产生了浓厚的兴趣。

让孩子在精力集中的时候不断地重复，慢慢有意控制就会变成自动化运行的机制，从而推动其学习能力的快速上升。

孩子学习阶段，我们需要做的是帮他调整学习方法，并用预测的结果来验证学习方法是否可行。如果方法正确而且高效，就让孩子集中精力去演练。慢慢他们会觉得完成任务很轻松，学习的自信心也因此而高涨。

孩子的学习习惯养成了以后，解决问题的效率会大幅度提高，但是也带来了另一个弊端，就是进入了舒适区。这是指，孩子技能固定，不再去想如何提高自己的技能，以及去挑战自己的极限。此外，想要改变习惯也是一件十分困难的事情。我们就以跑步来说吧，孩子一旦学会了跑步，若是以后不去改变，一辈子重复多少次，也不能改变步态，这不利于孩子跑步成绩的提高。因此，这个时期，我们要鼓励孩子突破舒适区，形成新的习惯。

著名书法家林散之有“当代草圣”的美誉，但是晚年时右手因严重烫伤，不能写字，故改用左手写字，但书写速度和灵活性都大不如前。于是他一改以前浑厚、流畅的笔法，字写得沉稳、刚劲，得到了书法界的一致称赞。

从案例中，我们可以看出突破舒适区的难度。它是把你好不容易通过有意识控制形成的自动能力全部推翻，然后换成新的动作或知识，让你重新来过。于是你又回归到有意控制的学习阶段，并要接受新的挑战可能带来的不利影响，然后再经过修改和调整，让学习能力得到进一步提升。

我们了解了学习的这个过程，再去帮助孩子，就不会像以前一样，把孩子的学习效率归结为态度、性格、智商、天赋等原因。因为前面的章节已经说过，我们对大脑的开发只是一小部分，如果孩子在正确的学习方案指导下，学习效率必然会有所提高。

此外，我们了解了孩子大脑学习的方式，也有利于我们通过学习方法，去检验孩子究竟在哪一方面有天赋，更有利于重点培养。在爱好和方法的带动下，他对待学习会更加主动和高效，而且专注。

优化程序，和孩子一起整合目标清单

如果我们想要优化孩子大脑的学习程序，一个合理的目标清单是必不可少的。因为它能给大脑带来的好处实在太多了。一个合理的目标清单，可以减少孩子对未来的迷茫和焦虑，让孩子快速找到要学习的内容，帮助孩子获得成就感。

可是许多家长担心孩子没有目标感，或者今天设定的目标，明天就更改了，好不容易帮他整合的目标清单毫无用处。下面我们就来看看，如何让孩子了解什么是目标，该如何给孩子制定目标清单。

一、让孩子了解什么是目标

如果孩子不知道什么是目标，他在学习上就不会有方向性。因此家长需借助具体的事或行动来引导孩子看到目标，而不是空泛地谈孩子不理解的理想、荣誉，他们不理解这些东西，自然就不会把它们当成目标。此外，也不要把完成作业当成目标。那是孩子要完成的任务，跟他的向往没有关系，不能称为目标。所以我们可以采用以下方式，让孩子了解什么是目标。

1.问问孩子最想做什么。当然，许多孩子会说："我想玩游戏。"面对孩子这样的回答，我们首先要认可玩游戏是一个合理的目标。这时你可以告诉孩子："玩游戏也应该争取玩好，这样小朋友才会愿意跟你一起玩。"

其实把游戏玩好也是一个目标，它能调动孩子学习的积极性。如果孩子游戏玩得很好，我们则可以把他打游戏的目标，转移到对学习目标的设置上来。或者让孩子说出自己在其他方面的目标，如，想学游泳、射击，并成为世界冠军。不管孩子说出多少目标，都不要否定。因为这些目标里就藏着他的兴趣所在，是我们给孩子制定目标的重要依据。

除此之外，我们还应了解孩子喜欢做一件事的原因。许多孩子都喜欢玩游戏，理由是玩游戏很开心。这就是说，孩子会为了开心去完成一个目标。所以我们在孩子的学习上，也应该采用游戏的方式，去提升孩子的学习兴趣。如，给予相应的奖励，孩子也可能把学习当成目标。

2.不要让考试成绩成为孩子的唯一目标。有些家长为了让孩子对学习有目标感，在课余时间只让孩子学习。孩子本来对学习还有兴趣，但是当生活中没有任何娱乐调剂，只剩下学习时，他必然会厌恶，从而对学习失去兴趣。所以我们对于目标的定义不要太狭隘。

3.让孩子在生活中寻找学习目标。孩子学习知识的最终目的是在生活中或工作中运用这些知识。所以我们对于学习应该抱着学习无处不在的理念。如果你的孩子玩游戏时过不了难关，你在帮助他的时候，可以对他说，做任何事情遇到困难时都要积极寻找解决问题的答案。要不永远也实现不了自己的目标。那么他在学习的时候，遇到无法实现的目标，就会想办法寻找解决问题的方法。

二、制定目标清单

1.给目标分主次。孩子最初制定目标清单的时候，最容易犯的错误就是不知道该如何给目标分主次。孩子的目标并非只有写作业，还包括玩游戏、课外阅读、看动画片、听故事等。这个时候，我们要教会孩子以学习为主，其他为辅。

此后，让孩子列出一天中，课堂内和课堂外的学习目标。大多数孩子都能列得出来。例如，课堂学习目标：认真听课、做课堂笔记、与老师交流不懂的知识点。课外学习目标：完成作业、阅读课外书、习字。当孩子罗列出目标以后，我们再给孩子的目标进行排序。孩子做事时就不会毫无头绪。

2.把完成作业的目标细化和流程化。孩子放学回家后，许多家长会马上催促孩子写作业。孩子已经在学校学习了一天，此时正想放松一下，难免会对学习有抵触情绪。因此我们可以用聊天的方式，先问问孩子对完成课后作业的安排，然后告诉孩子自己会在什么时间来辅助他。如此一来，孩子在写作业上有了自主权，还有家长的辅助，自然会配合。

我们可以先让孩子列出目标清单，再让孩子按照自己的想法安排完成作业的科目顺序，并把完成的标准，所用的时间标注出来。这就是目标的细化和流程化，不仅对孩子的学习有导向作用，还有约束作用。

3.目标得到量化和统计。我们想检验孩子的学习效率和促进孩子学习效率的提高，就必须对孩子的目标进行量化和统计。例如，考试的总分是一个大目标，各种题型是二级目标。我们要先让孩子预算出每一个题型应该获得的分数，并核算总分，然后再针对每个题型，计算应该使用的时间。要是一个题型使用的时间过长，势必会影响另一个题型的做题质量。

小云还有两个月就要中考了。妈妈给她买了三套语文模拟试卷，让她自己预算每个题型该得的分数和所用的时间，并核算总分。小云做第一套模拟卷的时候，因为在阅读理解题上耗时过多，导致写作文时草草收尾。妈妈参照试题答案和评分标准给批的分数离预期的分数相差很远。

妈妈告诉她："下次如果在阅读理解上有难度，就放下先去把作文写好。这个时候，你的大脑放松了，才能更有效地思考，反而容易把阅读理解做好。"

小云做第二套模拟卷的时候，采用了妈妈教的方法。到了做第三套模拟卷的时候，她跳过阅读理解，先写作文，然后再做阅读理解。得分居然比前两次都高。

妈妈让她比对了前两次做模拟试题的清单。她发现，自己写作文耗时最短，而且作文质量能得到预期的分数。阅读理解第二次虽然比第一次快了一些，但是准确率持平，依旧没有达到预期的分数。这说明自己阅读理解的能力不强，需要在这方面做专项训练。

从案例中，我们可以看出目标量化和统筹对学习的巨大作用。当孩子只是做了一次模拟试题或作业的时候，我们可以让他与预期的目标作比较，去发现自己的不足之处，从而进行弥补。要是两次或多次做题和写作业，则可以进行一个综合对比。例如，孩子做了一周的作业，他能通过清单，看出自己哪一天用时最少，整体效果最好，哪一个题型最擅长等，最后总结出一个适合于自己的答题方式。如果实现了预期目标或者超出预期目标很多，会激起他的学习斗志，从而不断突破自我。催促和说教是很难转化成孩子学习的动力的，所以家长应该对孩子进行目标感的训练，并帮助他学会整合目标清单。这样孩子才会养成良好的学习习惯。当孩子有了良好的学习习惯以后，我们就可以对孩子的学习放手了。

Learning brain

activate children's brain potential

02 双减后的自主学习，学习效率是关键

告别“惰性脑”，提高孩子的学习效率

小东自班主任公布了期末成绩以后一直闷闷不乐，因为他的数学成绩才60多分。同学大亮嘲笑他说：“你的数学成绩还不如我的体育成绩高。”

小东的数学成绩一直不好，所以他先是怀疑自己的智力不足，后是自责自己的努力程度不够：每次一做数学题就拖拉，甚至不做，第二天去抄写别人的作业。

医学研究证明，一个人学习成绩的好坏与智商只有20%的关系，80%与非智力因素相关。也就是说，就算你的智力水平一般，如果学习时自信满满、意志坚定、对所学科目有兴趣、有良好的学习习惯，足以弥补智力上的不足。尤其是良好的学习习惯，它包含优秀的学习方式和方法，

是提高学习效率的关键。

小东决定努力学习数学，可是一做难题的时候就会分神。他认为这是定力不足造成的。其实不然，这是大脑的工作方式造成的。大脑虽然只是占我们人体重量的一小部分，却消耗着全身20%的能量，所以当我们思虑过重或者长时间高速运转时，它会渴望休息，于是拒绝再接收信息。

此外，大脑还有一些会影响学习效率的特点。如，“惯性”心理，多次都不愿意做的事情，下一次也不愿意做；“从众”心理，会被大多数人的选择所干扰；“好奇”心理，我们的大脑很容易被新鲜的事物所吸引，但是厌烦单调的事物。所以孩子才不愿意学习，而是对游戏上瘾。

但是我们不要因为大脑的懒惰，就觉得孩子的学习效率是不可改变的。其实我们有很多办法能让孩子告别“懒惰脑”，并快速提高学习效率。下面，我们就来看看这些办法。

一、帮孩子建立自信

我们设想一个场景，当你站在台上演讲时，每说完一句话，都有人挑毛病。指责你语音不标准、声音不够洪亮、语言逻辑不清、措辞不当。面对这么多指责，你是什么心情呢？估计你经历了这么多否定，也可能会觉得自己在语言方面没有任何天赋，从而不愿意再当众表达了。

孩子考试和学习也是同理。孩子做作业的时候，家长一再纠错会给孩子的大脑带来极大的精神压力。于是大脑就会选择采用偷懒的方式，减缓学习的进度，从而减少被指责的次数。因此我们要帮孩子建立自信心，他的大脑才能积极地运作。

有些家长会说，孩子做得很糟糕，我实在不知道该怎么帮他建立自信。其实这是因为家长陷入了思维误区，才会觉得孩子做得不好，其实只要仔细观察，一定可以发现孩子的闪光点。我们来看我们可以从哪些方面找到孩子闪光点，帮孩子建立自信：

1.鼓励孩子已经做到的部分。孩子把一件事做得很糟糕，那是因为他做了，所以我们先要鼓励孩子敢于挑战的勇气。其次，孩子在做事的过程中，如果我们仔细观察，一定会找到孩子值得鼓励和夸奖的地方。

高明带儿子去学滑冰，儿子才滑了几步就跌倒了。但是他站起身，继续尝试滑行。儿子的动作是那么的不协调，但是高明没有马上指正，而是在儿子站起来时，称赞：“好样的，继续。”当他看到儿子把动作调整得比以前好了一些时，马上鼓励说：“就这么滑，动作慢点。”

孩子跌倒的次数越来越少了，动作也越来越熟练了。很快就学会了滑冰。

失败是孩子学习的必经阶段，所以我们不要因急于让孩子成功而指责他。只要孩子做完的部分中有值得肯定的地方，就给孩子以鼓励。这样孩子才能有前进的方向和动力。

2.自信来自熟练。有些家长认为自信来自性格，其实不是的。自信大多来自熟练。还记得自己儿时玩单机游戏《孤胆枪手》，最开始不会玩的时候，拿着性能好的轻机枪打第三关都无比紧张。后来熟练了，打第五关都敢用性能不出色的来复枪，就是因为准确率提高了。

孩子的学习也是如此，所以我们应该给孩子熟练技巧的时间。有些孩子经过了一段时间的训练，依旧没有做好一件事。很可能是在这方面不擅长，或者对此不感兴趣，我们可以采用激发兴趣、刻意训练等方法，把孩子最不擅长的地方变成拿手的部分，孩子的自信心就建立起来了。

二、梳理孩子的学习动机

有些孩子不愿意学习，理由是缺少学习动机，所以我们要梳理能让孩子爱上学习的理由。例如，对知识好奇、渴望成绩优秀获得奖励、对某方面知识感兴趣。我们找到的理由越多，调动孩子学习积极性的办法也就越多。

三、帮孩子及时调整学习方式

有些孩子学习犹如走马观花，从来也不回头看自己究竟掌握了多少内容，是否可以对这些内容灵活运用。这样的孩子面对考试失败，会自认为自己十分用功，只是缺少天赋。所以，针对孩子出现的这类问题，我们要及时帮孩子调整学习方式。不要只追求孩子学习的数量，而是看他掌握的情况和花费的时间，以及所学知识的必要性。这样才能真正提高孩子的学习效率。

四、积极反馈

孩子为什么会偏科？一个主要的原因就是，大脑喜欢选择能让自己感觉轻松和愉悦的事情去做。所以孩子对擅长的学科会自觉投入，而且成绩越来越好，形成了良性循环。但是对于不喜欢和不擅长的科目会自动屏蔽。所以我们在孩子不擅长的科目上，要给孩子积极的反馈，例如，对他们做得对的地方给予肯定，不对的地方给予指正或示范，从而让孩子找到解决问题的方法，这样他才不会惧怕学习。

此外，我们还应该帮孩子学会积极心理暗示。让他们在失败后，依旧有重新来过的勇气。我们可以给孩子讲一些与意志力有关的故事或名言警句。这些故事和名言警句会内化为孩子学习的动力，帮他克服学习中的阻碍。

五、挑战要和能力相配

所谓挑战要和能力相配，是指事情的难度经过孩子的努力后可以达到。例如，给孩子一个拼图后，他能够在说明书的帮助下完成。这样的挑战，会给孩子的大脑一个积极的反馈，就是“我能行”，从而去追求更大的挑战。若是难度过高，孩子无论怎么努力都达不到，孩子就会焦虑，大脑的第一反应就是做不到。孩子会因为灰心而懒惰。

我们想让孩子提高学习效率，就要在了解脑科学的基础上，去改变以往培养孩子的方式和方法，并让孩子通过尝试找到最适合自己的方法，把它转化为自己的学习习惯，这样才能高效学习，快乐生活。

清除拖延模式，塑造“立刻行动的大脑”

关于孩子学习拖拉的问题，很多家长是又急又气，曾无数次催促他们马上坐到书桌前看书、写作业，孩子却屡教不改，这时家长便把孩子归为患有拖延症。

大脑的天性是“懒做”，而且缺乏准确判断的耐心。所以孩子在选择各种任务的时候会考虑回报的大小和当下的利益。我们拿学习和玩游戏作比较。玩游戏当然要比学习的任务轻，所以孩子更倾向于选择玩游戏。我们再从当下利益去比较二者。学习是很重要，但是孩子们对学习的重要性还缺乏理解。此外，距离升学还有很长时间，他们在当下没看到巨大的回报，所以对学习的积极性大打折扣。于是因为玩游戏而拖延了学习。

那么，我们到底有没有办法给孩子塑造一个“立即行动的大脑”？以下方法可提升孩子的行动力。

一、给孩子制定一个让他兴奋的终极目标

孩子如果在大脑惰性的支配下，很可能选择轻松而愉快的事去做，而不是艰苦且耗时漫长的学习。这个时候我们就应该靠提高大脑的兴奋度，去提升孩子学习的行动力。所以我们要为孩子制定一个能让他兴奋的终极目标。

有些家长说，自己也曾给孩子制定过让他兴奋的目标。但是都被孩子中断了，一定是目标定得太高了。这个目标的高低在时间和学习方法面前是一个相对的概念。如果我们让孩子用传统的记忆方法，在一周内记住2000个单词，显然是太高了。但是如果采用先进的记忆法背诵一个月，对于孩子来说就不难，而且这个词汇量对孩子来说也极有吸引力。

二、分解目标

大脑看到大目标的时候，很可能因为难度太大而退缩。这个时候我们则可以采取把大目标分解成若干个小目标的方式去迷惑大脑。让大脑暂时觉得，付出和回报符合预期。例如，你给孩子设定了一年读20本课外书的计划，那么按照一本10万字计算，共计200万字。这个数字足以给孩子吓

到打退堂鼓。

可是我们细算一下，孩子平均一天读的字数还不到6000字。我们按普通读者每分钟阅读150字的速度去计算，孩子每天用40分钟就完成了。也就是说，我们给孩子安排一个为时1小时的晨读或晚读，孩子极有可能提前完成最终目标。因此我们可以对孩子说，你每天只读6000字就可以了。

孩子所付出的努力没有变，但是心理的负担却变了。而心理负担的减轻，会提升孩子的行动力，让他更加主动、高效地去阅读。此外，每天定量的阅读任务，会让孩子养成今日事今日毕的良好习惯，以防积重难返，最终放弃。

三、降低目标的难度

每个家长都希望孩子的成绩快速提高，所以在制定目标的难度上会偏大。这会给孩子造成极大的压力。为此我们可以降低孩子的目标难度。例如，原本希望孩子期末考试名次提高10名，可以降低为5名。让孩子能够实现目标，从而更坚定地努力。

此外，我们还要把孩子的学习当成一次长跑，不必因孩子阶段性的失败而焦虑，而是想办法让他在下一次时成功。最后实现最终的目标。

四、打造让孩子省心的环境

如果我们想提升孩子的行动力，只用目标带动是远远不够的。我们还应该给孩子打造一个省心的环境，让大脑能做出正确的判断。上文中案例已经说明了，外界环境的变化会给大脑造成错觉，而身在变化中的人却浑然不知。因此，我们可以在孩子阅读前，把书放在他能顺手拿到的地方。孩子因为阅读很方便，每天晨起第一件事就可能是阅读。此外，还要注重房间的采光，不要让孩子觉得读书是一件很累眼睛的事情，从而抵触阅读，降低了学习的积极性。

五、与孩子一起坚持

我们与孩子一起坚持，是因为大脑有从众的现象。如果我们愿意看书，孩子就会愿意看书。要是我们在看书时能做到不玩游戏，孩子的自我约束能力也会有所提高，这就是家长对孩子的身教，远重于言传。

有些家长没有时间长期陪伴孩子，但至少要做孩子目标的支持者，或者为他提供学习方法，让孩子更有实现目标的动力。

拖延是我们人类大脑的天性，每个人或多或少都会有拖延的现象或是想法，所以我们不必因孩子的拖延又急又气，而是可以根据大脑的天性，通过一些方法去提升孩子学习的动力，让孩子在学习上事半功倍，快速提升。

完美的“多巴胺奖励机制”

关于如何提升孩子的学习动力，著名心理学家德西提出了“自我决定论”。该理论认为学习是一个人在充分认识到自身需求与环境信息的基础上，对自身行为所做的自由选择。如果这种选择能达到他的预期，就会极大地提升他学习的动力，反之则会严重打击他学习的积极性。

医学上将人类的这种表现称为“多巴胺奖励机制”。一个人因为找到了自己想学的知识，或者因为已有知识帮自己取得了巨大的成绩，都会成为他学习的动力，让他感觉学习是十分愉快的事情。例如，著名作家高尔基年少时，朋友送他一本福楼拜的小说集。他欣喜若狂，像面对一个魔方一样，反复去读，并仿写，使自己的写作水平得到了快速的提高。

我们想要促进孩子的学习，自然离不开这种机制。让孩子自主学习的关键就是让孩子因学习而快乐。要是我们能帮孩子打开“多巴胺奖励机制”的通路，就没有必要一遍遍地催促孩子学习了。

那么，我们应该从哪些方面入手，去启动孩子的“多巴胺奖励机制”呢？首先，我们要了解人的本性。从进化论的角度上来看，人最初学习的最主要原因就是为了生存，所以最关注的是眼前利益，而非长远利益。例如，原始人在丛林中寻找食物，因为没有存储的办法，可以选择的办法就是多吃或多带走一些食物。否则明天再来，食物很可能被他人吃光或带走了。

人这样的本性被深深地内置到我们的基因里，久而久之被打造成了自动化的反应机制。因此，面对一件事时的第一反应，就是关注当下利益，而不是延迟满足。

但是，随着人们生存经验的增多，开始学会了期待未来和思考未来。信念也随之被大脑里的激素内置到人类的基因里面，才让我们拥有了与眼前利益的诱惑相抗衡的能力。这个激素就是多巴胺。那么，它是如何运作的呢？例如，我们在丛林里获得了食物，大脑会因成就感而感到快乐，这种快乐就是因为大脑分泌的多巴胺激素而产生的。所以，多巴胺奖励机制的核心就是：我们一旦有所收获，大脑就会得到奖励，而奖赏的多少跟我们的期待密切相关。要是得到的收获超出期待，必然喜出望外，转化为更大的学习动力。

因此，我们采用“多巴胺奖励机制”去调动孩子学习的积极性，关键就在于理解回报和期待之间的匹配程度，它决定着多巴胺分泌的量。如果我们做一件事徒劳无功，或者事倍功半，大脑就会分泌抑制激素，以免浪费能量。

未来有太多的不确定因素，因此让孩子放下当前的诱惑去学习，太难了。此外，我们再从环境信息角度去看大脑对学习的抵触情绪。学习是一个需要调动理性思维的过程。可是大脑早在50万年前就基本架构完成了，也就是说，起初就没有需要读书识字的环境，此外，恶劣的生存环境让他们更注重学习谋生的技巧，而不是知识。

再则，以上章节说过，过多的思考，会消耗我们巨大的能量。这在丛林时代是要命的。因此，在丛林时代，大脑把大多对外的基本反应，都打造成不同的本能反应，这些反应内置到基因，则无须思考了。

因此，孩子在学习这件事上，首先就面临本能的抵制。其次，从孩子学习的最终目的来看，主要是为了考试和升学。学习变成了一个实现愿望的工具，此时能给孩子带来快乐的只有成绩，而不是学习的过程，这会严重影响多巴胺的持续分泌。有些孩子可能会因为学习太过枯燥半途而废。

其实，多巴胺是可以人为干预的，我们可以采用以下方法去刺激快乐多巴胺的分泌，使孩子爱上学习。

一、快乐学习

有些家长对学习有一个刻板的印象，认为学习就应该是悬梁刺股，异常艰苦的。可是人性都是趋利避害的。我们要是采用这样的教育理念去强迫孩子学习，孩子对学习只能是畏惧，而不是喜欢。

因此，我们让孩子学习之前，首先应该想到的是如何让孩子觉得学习是快乐的，而不是痛苦的。

王小萱是个4岁的孩子。某日，她看着爸爸用毛笔蘸着清水，在水写纸上写出了黑色的大字，十分好奇。她跟爸爸说：“能让我写几个字吗？”

“可以。”爸爸把毛笔递过去。

小萱写下一个“王”字和“小”字。她极力想把“萱”字也写下来，结果只是写了一个长横。爸爸教了她几遍，她依旧写不出来。爸爸说：“女儿啊，我们来画画吧。”

“好啊。我给你画一个水母。”小萱高兴地说。

小萱画完水母，对爸爸说：“你也画一个，我们比比谁画得像。”

爸爸故意画得没有小萱的像。

“我赢了，爸爸。”小萱高兴得直拍手。

“我们再画个苹果。”小萱建议。

二人画了很多东西后，小萱要和爸爸比谁数字写得好看。

小萱认为爸爸的数字写得不标准，居然很认真地教爸爸写数字。

案例中，爸爸没有强求小萱非得会写很难写的“萱”字，而是选择了孩子会的画画，而且允许孩子选择自己想画的东西，并故意输给孩子，让孩子有成就感。之后，又让孩子教自己怎么写数字。这让孩子的成就感更大了，所以孩子才会爱上学习。

二、让孩子有胜任感

孩子放弃学习的主要原因之一就是缺少胜任感，因此我们应该想办法帮孩子提升胜任感，只有让孩子有了胜任感，才能转化成他持久学习的动机。

三、让孩子看到学习的作用

有些孩子不愿意学习的主要原因是不知道学习的作用是什么。我们可以引导孩子去想想学习的作用。例如，问孩子如果生活中没有数学会怎么样？孩子会回答，买东西后，不能结账；坐地铁时不知道该做几号线；不能按时去学校，等等。孩子知道了知识的重要性后，会对学习产生很大的促进作用。

此外，我们也可以用自己或他人的例子，让孩子看到学习的作用。例如，你是一个作家，就告诉孩子努力练笔，以及可能获得的回报；是个歌手，就告诉孩子，想在台上一鸣惊人，离不开台下的勤学苦练。孩子看到了学东西的回报，再学习的时候，就不会因为对学习迷茫而丧失斗志了。

四、对学习寄予更多的厚望

如果我们想让孩子的大脑因学习产生更多的多巴胺，就应该对孩子的学习寄予更多的厚望。例如，孩子学习语文时，告诉孩子语文不仅在学生时期是考试的重中之重，而且学好语文还可以用来谋生和陶冶情操，是一件能让人终身受益的事。孩子想到了学习的诸多好处后，学习的动力会变得更强。

五、合适的奖励机制

当孩子还很小的时候，对学习的意义了解得不深，我们可以通过合适的奖励机制，来促使孩子的大脑分泌更多的多巴胺。

合适是指奖励不能太小，也不能太大，而且要及时。奖励太小，难以调动学习的动力；奖励太大，孩子觉得够了，后期就不努力了。及时的奖励可减少孩子对结果不确定的担忧。要是他总担心无法实现目的，是很难提升学习动力的。

这就是“多巴胺奖励机制”对学习的巨大促进作用。当我们懂得这一机制后，就可以通过改变孩子的学习方法、鼓舞孩子的斗志等方式去改变孩子学习的态度，保证孩子多巴胺的分泌，这样孩子才能对学习永葆热情。

学习力和记忆力

提到学习力和记忆力之间的关系，就不得不先说大脑的学习过程。我们大脑的学习过程包括：获取信息、理解信息、信息拓展、实际应用、纠错反馈几大步骤。

在这个过程中，大脑按学习力差异可以分为专注和发散两种模式，专注模式管控学习知识的深度，主要由左脑负责，擅长处理逻辑性很强的科学问题；发散模式管控学习知识的宽度，主要由右脑负责，擅长处理多种知识的并行吸收和创造联系。学习任何知识都是专注模式做先导，定期切换成发散模式，两种结合就是一个人的学习力。

大脑的记忆力在孩子的学习过程中，分为短期记忆和长期记忆两种，如果我们想把短期性记忆转化为长期性记忆，最好的办法就是间隔性重复。艾宾浩斯遗忘曲线告诉我们，学习后，遗忘机制随即开启，20分钟、一小时、八小时、12小时、一天、两天、六天都是遗忘大规模发生的时候，所以定期复习至关重要，一旦短期记忆形成了长期记忆，我们才能形成自己的知识库，供自己随意调用。

如果我们学习力强，记忆力差，知识的留存率必然不高。反过来，记忆力强，学习力差，不能将所学知识融会贯通，会降低知识的使用率。所以，我们既要重视孩子的学习力，也要关注孩子的记忆力，只有两者互相配合，才能全面提高孩子的学习能力。

下面，以学习的第一步——获取知识为切入点，说说该如何帮助孩子学会使用学习力和记忆力。

一、简化知识

所谓简化知识，就是让孩子学会把复杂专业的知识转化为浅显易懂的语言。在这个过程中孩子的大脑会不断地对知识进行重建和解构，最后不仅便于理解，而且能让自己的记忆更加深刻。例如，你可以让孩子先不受字数限制地去答一道阅读理解题，然后按照考试应该写的字数去简化语言，但是不能遗漏答题点。

二、关联性链接

知识点和知识点之间有关联，我们可以采用关联性链接的方式去把知识整体化。例如，把文学作品按风格进行分类。这样我们可以以风格为切入点，对所有该风格的作品特色都有个大致了解。此外，不同事物之间有交叉，如果我们运用好了，能够有效地帮助我们进行记忆和理解。

三、筛选知识

在这个信息爆炸的互联网时代，如果我们不能教会孩子筛选知识，孩子很可能被庞杂的信息量所淹没，不是白费力气就是博而不精，最后无法与同学竞争。因此，我们可以从以下几个方面教孩子筛选知识。

首先，根据自己的需求去匹配适合自己的书籍。例如，孩子作文得分不高，则应该看指导写作的书籍或优秀的文学作品。其次，选择好书去读。好书如良师益友，会给孩子多方面的帮助。坏书不仅浪费时间，还会影响孩子的思想。所以不要把有限的学习时间浪费在不能提升自己的书籍上。

四、阅读方式多样化

阅读方式，可分为基础阅读、检视阅读、分析阅读。因为孩子的年龄不同，对知识的认知能力和需求都不同，所以不能采用单一方式去进行阅读，只有多种阅读方法相互配合，才能实现自己想要的学习效果。

因为基础阅读是每个读书者必经的一个过程，所以我们从检视阅读谈起。这种方法特别适用于精力有限的孩子。主要包括两种方法：粗浅的阅读、有系统地略读。

粗浅的阅读，主要解决孩子遇到晦涩难懂的书籍，应该如何阅读的问题。它的方式不是停下来去查、去问，而是把问题搁置，继续通读全书。因为有些书难懂的地方，并不影响读者对全书整体内容的把握，孩子这样读书，不仅节省时间，还能体验到读书的快乐。

有系统地略读，主要解决的是自己能否从该书中获得期望价值的问题。例如，著名历史学家郭沫若想了解《红楼梦》的史学价值，就采用了这种读书方式。他有针对性地阅读，只用两天时间就读完了《红楼梦》。

分析阅读，是让孩子受益极多的一种阅读方式。通常分为三个阶段：第一，确定书籍要表达的意思是什么；第二；梳理书籍的架构，并分析合理性；第三，对所看内容进行批判性的标准。

这种深层次的阅读，能让孩子对知识点理解得更深，自然也会记忆得更深刻。

五、将学习分步

将学习分步，就是根据孩子记忆的特点，把一个学习任务分解成多个部分，并拉长学习周期来完成。这种方式与为了应付考试，集中全力去突破，在形式和效果上都有很大差别。如果孩子遇到需要回答得很全面的问题，如果他选择的是为了应付考试而集中突破，很可能因为知识点掌握得不牢固而失败。而且就大脑的特点来说，我们对同一学科连续学习七个小时，大脑相对应的区域，会因为疲劳对知识进行屏蔽。反之，七天每天学习一个小时，再按照艾宾浩斯遗忘曲线的指导，定期去复习，效果要远远好于突击式学习，而且能把短期记忆转化为长期记忆。

六、练习

如果我们想要取得良好的学习效果，必然离不开反复的练习，在实际生活中检验知识的有效性，这才是学习知识该有的过程。我们指导孩子做练习的时候，切记要让孩子在不同类型的知识点之间做穿插练习，这样才能锻炼思维的灵活性。在这里分享一个实用高效的时间管理法——番茄时间法。让孩子先专注学习25分钟，然后休息5分钟，如此一来不仅能提高孩子的学习效率，避免大脑因疲劳而屏蔽知识，也能让孩子从专注模式切换到发散模式，从而跳出思维定式，以更宽的思路重新审视学习的内容，使孩子对问题有更全面的理解。

如果孩子能把学习力和记忆力综合利用好，二者相得益彰，孩子学习的知识不仅多，而且学习速度快，最后在学习上练就超凡的能力，让成绩突飞猛进。

用好这些“脑内物质”，练出超级学习力

我们想要帮助孩子练出超级学习力，前提是保证的孩子大脑高速运转，这样孩子才能专注、反应敏捷、思维清晰。而在我们的身体中，有一些物质的分泌可以让大脑活力满满，更高效地学习。下面我们就来看看脑内的那些物质能激发大脑的潜力。

一、多巴胺

上文已经提及多巴胺的作用和一些促进大脑产生多巴

胺精神层面的方法，所以这里再说两个靠外力产生多巴胺的方法。

运动。人在运动的状态下，交感神经兴奋，大脑收到快乐的信号，就会分泌多巴胺。多巴胺能帮孩子改善抑郁的情绪，从而提升孩子做事的专注度和记忆力，使学习效率得到极大的提高。因此，我们应该把运动当作孩子学习的一部分，给予足够的重视，而不是认为运动会占用学习的时间。

饮食。许多食物也能促进多巴胺的分泌，例如，牛奶、肉类、杏仁、春笋，等等。因此，我们可以在孩子的食谱中增加这些食物的比例，促进孩子多巴胺的分泌，让孩子能够更好地学习。

二、去甲肾上腺素

当我们因压力过大或害怕的时候，大脑就会分泌去甲肾上腺素，让我们变得镇定和清醒，从而可以更专注地学习，提高学习效率。你在学生时期可能也有过这样的感觉：在临近考试的时候复习的效率最高。造成这种现象的主要原因就是因为大脑在压力之下分泌了去甲肾上腺素，使孩子的专注度和记忆效率都得到了提高。

由此可见，我们为了提高孩子的学习效率，可以给他制造适当的压力和挑战。例如，限制孩子做作业的时间、设定短期目标，但是切记不能总是让孩子面对挑战，否则大脑该偷懒了。

此外，如果孩子大脑内去甲肾上腺素过高，他的精神就会过于紧张，这样不利于休息，长此以往还会严重影响孩子的身心健康。因此，我们对孩子的学习，也要注意劳逸结合，当孩子因学习而过于紧张的时候，我们可以陪孩子散步、聊天，让孩子听一些舒缓的音乐，以平衡孩子的心态。

三、肾上腺素

肾上腺素的作用与去甲肾上腺素类似。区别在于去甲肾上腺素主要作用于大脑，而肾上腺素主要作用于肌肉和内脏，让人的身体反应更迅速，爆发力更强。

我们想要提升孩子肾上腺素分泌的水平，可采用让孩子大声吼叫的办法。据医学观察发现，大声吼叫不仅能提升身体的反应速度和爆发力，还能振奋人的精神。例如，一些中学在中考前会举办动员大会。考生们靠喊口号，给自己打气加油，会发现身体更有活力了，而且自信心也更强了。

此外，人愤怒的时候也会分泌大量的肾上腺素，这可以让自己在学习或考试中表现得更好。例如，人们常说“知耻而后勇”，这份勇气中就包含因为耻辱带来的愤怒，所以一定要战胜让自己耻辱的事物。

但是，肾上腺素的量同样不能超标，因为它会激活交感神经系统，让人过于兴奋，所以我们要克制愤怒的情绪，以求身心的平衡。

四、血清素

血清素能让人冷静、平和、从容、思维清晰。因此，当孩子血清素水平高时，学习的效率自然就高。而当血清素低的时候，孩子的情绪会有很大的波动，出现不安、焦虑、抑郁等情绪。

此外，当一个人血清素水平不足时，他可能会厌食或暴饮暴食，并出现失眠或嗜睡的情况。那么，我们该如何提升孩子的血清素分泌水平，避免孩子出现血清素不足引起的负面状况呢？常用的方法有三种：

1.晒太阳。大脑被阳光照射后，会分泌血清素。经科研人员观察，上午是大脑分泌血清素的主要时间，下午分泌的血清素远不及上午多，所以我们应该让孩子早上多晒晒太阳。

2.运动。例如，慢跑、散步、游泳等。

3.大声唱歌、朗读以及吃东西时细嚼慢咽，都能促进血清素的分泌。

五、褪黑素

褪黑素是与睡眠密切相关的物质。当外界的光线变暗到一定程度时，大脑就会开始分泌褪黑素，褪黑素会降低我们的体温、血压，减缓心跳，并把全身的所有器官都切换到休息模式。充足的褪黑素能让人顺利地进入睡眠，并提高睡眠质量。

睡眠质量和孩子白天的学习效率密切相关。当睡眠不足时，孩子的注意力、思考能力都会大幅下降，学习效率自然不会高。

那么，我们该如何促进孩子的大脑分泌褪黑素呢？这里推荐两个方法：

1.不让孩子在入睡前玩电子产品。孩子玩电子产品时，交感神经系统会处于活跃状态，这会影响褪黑素的正常分泌，让孩子入睡困难。因此，睡前半小时到一小时，最好不要让孩子接触电子产品，可以鼓励孩子在睡前看一看课外书。

2.制造微暗的环境。大脑是根据外界光线的明暗情况来判断是否分泌褪黑素的。如果孩子一直待在明亮的房间里，大脑就会认为此时是白天，从而推迟褪黑素的分泌。所以我们在孩子入睡前的一两个小时，可以让他先关闭卧室的主灯，打开床头灯，听听音乐，过一段时间，大脑就会开始分泌褪黑素，让孩子产生睡意。

六、乙酰胆碱

孩子在睡眠时，大脑会产生大量的乙酰胆碱。乙酰胆碱供应充足的时候，孩子就能拥有高质量的睡眠，让身心得到充分的休息。同时，乙酰胆碱还能提升孩子的记忆力和创造力。孩子白天学习的知识会先储存在大脑的海马体中，等孩子睡觉的时候，海马体中一些信息会被转移到大脑皮层中保存。乙酰胆碱在这个过程中起到帮助连接的作用，这有利于孩子把东西记忆得更牢固。这一过程也有助于孩子发现不同事物之间的关联，激发大脑的创造力。所以，孩子晚上睡眠充足，第二天大脑机能会得到很好的恢复，学习效率也会随之提高。

乙酰胆碱不止在睡眠中产生，当孩子处于身心放松的状态时，大脑也会分泌乙酰胆碱。因此，当孩子对一道题一筹莫展的时候，我们可以让他暂且放在一边，去做会的问题，等放松以后也许能想出解题的办法。

此外，合成乙酰胆碱的原材料叫卵磷脂，这种营养成分在鸡蛋、豆腐、坚果等食物中含量丰富。我们可以让孩子适当吃，以保证大脑有足够的营养去合成乙酰胆碱。

七、内啡肽

内啡肽是一种能够帮助孩子缓解压力、疼痛、沮丧情绪的神经物质，而且能让孩子感到愉悦，可提升孩子的学习兴趣。帮孩子提升内啡肽分泌量的方法如下：

1.放松练习。例如，带孩子旅游、玩游戏、听音乐、看电影，等等。当孩子心态平和的时候，大脑就会产生大量内啡肽，让孩子感到心情愉悦。

2.运动。运动能刺激内啡肽分泌，内啡肽和多巴胺叠加在一起，会让孩子的学习效率更高。

3.吃辛辣的食物。辣是一种痛觉，所以我们在吃辛辣食物时，大脑也会分泌出内啡肽来缓解疼痛。但是孩子吃过多的辛辣食物会伤害肠胃，所以给孩子吃辛辣食品要适量。

4.洗热水澡。皮肤被烫会感到疼痛，大脑为了消除疼痛会分泌内啡肽。所以我们在泡澡后，会觉得身心舒畅，就是因为内啡肽在起作用。

以上就是能够帮助孩子练就超级学习力的重要物质。我们不仅要掌握帮孩子提升这些物质的方法，还应帮孩子养成健康的生活习惯，让这些物质自然而然地帮助孩子去学习，使孩子有理想的学习状态。

非比寻常的“多巴胺”激活训练

许多孩子在学习的过程中会有状态低迷的时候，有些家长称之为“疲劳期”。可是疲劳跟没有学习兴趣表现出来的状态不一样。前者难在坚持，后者则是找不到上进心。要是孩子的低迷来自后者，那极有可能是多巴胺罢工了。为此，我们就必须对多巴胺进行激活训练。

相应的训练方法，从大的方面讲，可分为精神和物质两个方面。下面我们就具体来说，在这两个方面，我们可以采用的训练方法。

一、精神

据研究发现，多巴胺在精神方面，最喜欢的是：挑战、希望、奖赏、愉悦，最厌恶一成不变的原地踏步。所以我们可以针对它的这个特性，去做相应的训练。

1.挑战

没有挑战性的事，只需习惯和本能就能处理，是无法调动多巴胺分泌的。因此，我们就得给孩子制定以他现有的认知水平和能力，不能轻易达成的目标，从而促使他的大脑分泌多巴胺。

涵涵正在玩“画线救火柴人”的小游戏，玩家要通过画线的方式，去解决游戏中遭遇险境的人。此外，还要完成一些增加游戏难度的要求。其中有一关，是通过画线的方式把篮球投进篮筐。涵涵一下就投进了。爸爸给他鼓掌。可是他却不以为意地说：“太简单了，我得换个方式投进。”

随后，他通过语音搜索的方式，找到一个采用扣篮的方式进球的操作。然后就开始演练。待尝试成功了以后，他兴奋地喊爸爸观看表演，并问爸爸：“爸爸，我厉害不?”

孩子玩游戏的态度是这样，在学习上也大多如此。他们不喜欢解答难度系数小的问题，而是喜欢有点挑战性的难题，这才会激发多巴胺的分泌。例如，我们问一个二年级的孩子，3×7等于多少，孩子很可能不愿意去回答，因为太简单了，自己就算做对，也不会让别人刮目相看，既没有挑战性，更没有成就感。要是你问他13×17等于多少，对于这种有些难度的问题，他反而会积极去思考，并把乘法运用得更好。

因此，我们在孩子的学习上，应该根据孩子现有的学习力，让他采用不同的方法去解决问题，或挑战更高的难度。这都能调动孩子多巴胺的分泌。

2.希望

如果我们给孩子安排的任务让孩子看不到任何的希望，对孩子来说执行起来很痛苦，多巴胺不仅不会买账，还会起副作用，让孩子感到沮丧失望，进而丧失学习的兴趣。所以我们给孩子安排的学习任务应该能让他看到希望。这个希望应当包含两方面：首先是能完成的希望，其次是能做到很好的希望。例如，我们为了提高孩子写作文的能力，没必要让他每天都写一篇作文。因为这样的任务量不仅过重，执行起来会让孩子感到很痛苦，而且方法也不够科学。我们可以先教孩子写作的顺序，然后让他先描写静物，再描写景物，然后到人物。如此一来孩子写作任务的难度降低了，并且反而更有精力把单一的事物刻画好。这样的成就，会让他坚信自己一定能把作文写好。否则他总是压力重重，作文又写得平庸，达不到家长的标准，就会产生挫败感，自然慢慢就不喜欢写作文了。

3.奖赏

说到奖励，不仅仅有来自家长的奖励，我们更应该训练孩子学会自我欣赏。有些孩子一看到数学，第一个想法就是认为自己太笨，根本学不会。面对孩子这种想法，我们可以教会孩子积极的自我暗示。我们可以告诉孩子，在成功解出一道数学题、背会一首诗之后，都可以夸夸自己。从这些小的成就累积，每成功一件小事都可以对自己进行鼓励，这样孩子就能慢慢建立自信，慢慢地他就不会再认为学习很难了。用这种方法建立了自信，孩子一旦得到了高分，就是对他学习能力的最大肯定，也是对孩子最大的奖赏，孩子对学好一门学科就会更有信心，形成良性循环。

此外，孩子积极自我暗示的时候，多巴胺就已经产生了。这能让他在学习上干劲十足，对自己更有信心，更容易成功。

4.及时制定新目标

孩子得到一次奖励后，还会渴望得到更多的奖励，所以我们要给孩子制定新的目标，并且逐步放手，让孩子自己来制定目标。只有不断及时更新目标，才能让多巴胺奖励机制良好地循环起来，让孩子有一个不断学习，不断成长的一生。

5.休息

如果我们在工作中，任务总是多到应接不暇，难免产生焦躁情绪，而且思维混乱，影响多巴胺的分泌。要是孩子在我们的强迫下只学习不休息，就跟我们面对繁重的工作任务时一样，大脑很难产生多巴胺。

此外，经脑科学研究者发现，清晨大脑会释放大量的多巴胺，但是在晚上睡觉的时候，分泌的量会大幅度下降。因此，我们不要总在该睡觉的时候让孩子学习。如果他的大脑已经不因为学习而兴奋，效率必然低下，而且会影响第二天一早多巴胺的分泌，得不偿失。

6.听音乐

据医学观察，听音乐可刺激大脑中掌管愉悦的区域，从而产生多巴胺。在孩子学习累了时，不妨让他听一听舒缓的音乐，放松身心。

7.冥想

让孩子学会冥想，是帮助孩子避免在学习中胡思乱想，集中精力去解决难题的有效方式。通过冥想，多巴胺的分泌速度和分泌量都会加快。萨里大学一位脑科学专家对多名学生进行了冥想测试，发现经过冥想的学生收获的多巴胺比没冥想前增加了64%。孩子在这样的学习状态下，必然高效。

以上是多巴胺在精神层面的训练，要是再辅以下面的物质层面的帮助，一定会对孩子的学习起到极大的促进作用。

二、物质

有些家长会问，为什么物质层面还要训练，供应不就行了。那是因为，首先许多家长不知道哪些物质跟孩子的多巴胺有关，容易供应错。其次，孩子的饮食习惯有可能不利于多巴胺的分泌，我们应该通过相应的训练，帮孩子建立合理的饮食结构。

现在，让我们看看该如何给孩子提供物质帮助。

1.让孩子多吃蛋白质

蛋白质是由不同种类的氨基酸组合而成，这些氨基酸中有一些是能在孩子身体能够自主合成的，还有一些孩子只能从食物中去获得，例如酪氨酸，它在孩子体内酶的作用下，可以转化为多巴胺，因此我们应该帮助孩子去提高酪氨酸的水平，让孩子从鸡蛋、牛肉、乳制品中去吸收。

2.不要吃过多的饱和脂肪

所谓饱和脂肪，包括奶油、动物脂肪、全脂乳制品、棕榈油等食物，长期食用它们会影响大脑奖励区的信号传导，从而降低多巴胺的分泌。一些研究人员推测，其原因是总食用饱和脂肪的人更容易引发体内炎症，从而导致多巴胺系统的变化。此外，据观察，过高的饱和脂肪摄入量会让人记忆力差，而记忆力又会影响多巴胺的分泌水平。因此，我们应该帮孩子养成少吃饱和脂肪的习惯。

3.补充益生菌

提起益生菌，许多家长都不陌生。它除了有益肠道健康以外，也能产生多巴胺，从而影响孩子的情绪和行为。因此，我们可以让孩子适量喝一些益生菌，以保证孩子在学习时情绪良好。

4.晒太阳

有些孩子的情绪受季节的影响十分严重。研究显示，冬季抑郁情绪更容易产生，很多人表示在天空昏暗的冬日会心情悲伤。其实这是因为人体没有阳光的照射，导致多巴胺分泌量下降。因此，我们可以在阳光明媚的天气带孩子做运动，适量的运动和阳光都能刺激多巴胺产生，帮助孩子摆脱抑郁情绪。但需要考虑光照以及运动的强度，注意运动前热身，以免孩子晒伤或是肌肉拉伤。

5.使用营养补充剂

多巴胺的产生需要多种维生素和矿物质，包括铁、叶酸、维生素。如果孩子的体内缺少这些营养物质，我们应该使用相应的营养补充剂，来让孩子的身体能够制造多巴胺。

我们想激活孩子的多巴胺，既要对孩子进行心理调节，又要注重孩子的饮食和作息方式，因此可以说这样的训练方式执行起来是有一定难度的，但是我们做好这两方面，必将帮助孩子把大脑功能发挥到最佳。

Learning brain

activate children's brain potential

03 深挖潜能，让学习变成神经本能

了解孩子认知力，让学习更有效

每位家长都想深挖孩子的大脑潜能，可是结果却往往让自己备感无奈。造成这种情况的一个重要原因就是，不了解孩子高效学习的关键是认知力，于是对孩子做了很多错误的判断，基于这种错误判断，随后家长所采用的办法就不是深挖孩子的潜能，反而埋没了孩子的潜能。

一位家长开完家长会以后，跟另一位家长吐槽自己孩子的写作能力："我家孩子每天能用3个小时去写作文，这份耐力我都比不上。可是一看写的内容，漏字漏句常有，还错字连篇。肯定是缺乏写作能力，我得给他多买点作文指导方面的书。"

该家长给孩子买了几本作文指导书，可孩子的毛病依旧没改。他想，孩子就是在写作方面没有天赋，没必要再在此方面为他投资了。

我们试想，一个孩子有3个小时的写作时间，这段时间内他完全可以对写作内容进行复查，就算查不出错字，但是漏字总可以查出来啊。因此，可以推断孩子作文不佳的原因并非没有写作天赋，而是注意力差。通过这个案例可见，家长不了解孩子的认知力，是无法深挖孩子学习潜能的。

下面，我们就先来看孩子认知能力的组成部分，然后再说该如何辅导孩子，才能让他主动去学习。

一、反应力

有些孩子反应力差，对一些问题反应不够灵敏。常见的表现为：回答问题时吞吞吐吐、学习没有效率、做作业拖拖拉拉、一个知识点要反复学习、容易错过关键知识点、解题思路混乱。

对此，我们可以通过提高孩子的思考能力，来提升孩子的反应能力。那么该如何培养孩子的思考能力呢？常用的办法有以下几个。

1.训练孩子的思辨能力，并让其表达观点。孩子的反应力受到主观和客观两个因素的影响。除去主观不谈，只说客观，许多家长会把问题的答案直接告诉孩子，而且不允许孩子质疑。久而久之，孩子面对问题就不会自己思考了，反应能力自然就下降了。因此，我们应该鼓励孩子表达自己对问题的看法，这样孩子才会思考，才能提升孩子的反应能力。

另外在答题中，有些孩子会出现表述不清晰，抓不住重点的情况，这其实也是由于孩子缺乏思辨能力。解决这样的问题，我们就要在平时帮助孩子构建知识体系，让孩子思考知识点之间的联系。可以让孩子用费曼学习法教会家长一个知识，这能够极大提升孩子对知识点的理解，进而提升孩子的思辨能力。这样一来，他就会清楚学习时重点应该掌握什么，考试时如何按分值答题。反应自然不会像以前一样缓慢。

2.针对性练习。孩子的思考能力，是可以依靠针对性训练来提高的。例如，通过球类运动提升孩子的反应速度，棋类提升孩子的判断的准确性。二者结合在一起，孩子的反应力会得到极大提升。

3.补充空白的知识点。有时候，孩子反应慢是因为对一些知识点空白。面对这种情况，我们可以通过询问，了解孩子知识的短板，并帮助孩子建立更加全面的知识体系，可以让孩子重新整理思维导图，重点关注空白知识点和其他知识点之间存在的联系。这样加深了孩子对知识点的理解，孩子再回答问题时，就会顺畅很多。

4.给知识点归类。我以写作为例子。例如，形容一个人身体好的词有强壮、健硕、结实，孩子把它们归为一类。描写人物时，就算忘掉一个词，也有代替的，这必然会提升反应的灵活性。对于其他学科，我们也要定期让孩子归类知识点做思维导图，养成归类的好习惯，这对孩子熟练掌握知识点非常有帮助。

二、注意力

注意力又称专注力，是提高学习效率的必要保证。缺少注意力的常见表现为：写作业拖延、审题不仔细、学习效率低、会把最长的句子当成重点、做选择题的时候十分草率、忽视老师讲的关键知识点。我们想要让孩子变得专注，则要从注意力的稳定性、注意力的分配、注意力的转移上入手。

注意力的稳定性是最基本的要求，我们可以用篮球等运动来提升注意力的稳定性。除此，注意力的合理分配也有利于稳定性的发挥。例如，学习时心无杂念，就是不让注意力分配在其他事情上；孩子注意力的转移速度会随着年龄的增长而变慢，因此，可为年幼的孩子选择一些字数少、易记的儿歌、诗歌，而不是文辞优美的散文。

三、空间能力

空间能力差的孩子，条理性、组织性差。常见表现为：分不清形近字、容易被干扰项误导、难以分辨相似的理论知识。我们可以通过一些竞速类的游戏、旅游、绘画等来训练孩子的空间能力。

四、记忆力

记忆力差的孩子常见的表现为：抄写错误、答题时张冠李戴、文章读了上句忘下句、要反复读题才能做题、背诵课文十分吃力。我们面对记忆力差的孩子，首先要分析这种情况是先天原因还是后天原因造成的。如果是后天原因造成的，如所背诵的资料杂乱无章，则可以选择知识点归纳得条理清楚的资料去背诵、去自学。

五、情绪能力

孩子情绪很不稳定的常见表现为：急躁易怒、孤僻自闭、抗压力差、固执自负、沟通能力差。我们面对此类孩子，首先要思考自己是否给了他太大的压力，和孩子谈一谈，改变自己对孩子的要求。此外，可让他听一些舒缓的轻音乐，做一些有氧运动等等。孩子情绪稳定，才能专心致志地学习。

六、创造力

缺少创造力的孩子常见表现为：做题不会举一反三、想象力差、解决问题的思路混乱、对复杂的数学题毫无思路。

要是孩子缺少创造力，在当下这个越来越倡导创新的教育环境下，必然会影响到孩子学习。因此，我们家长在孩子很小的时候，就应该培养他的创造力。如，孩子都爱听故事，家长在讲故事的时候，可以给他们讲述创造力的作用，并让他尝试创造一些东西等。

张薇给儿子讲完电影《奇幻森林》的主人公毛克利为

了帮好朋友棕熊采摘蜂蜜，发明了绳索、锯、防护衣后，问儿子："如果你是毛克利，你会怎么帮助棕熊？"

"我会给棕熊制作一个'玉米加农炮'，把蜂窝打下来就好了，爬上去多危险。"

"为什么是'玉米加农炮'呢？"

"因为玉米不会污染蜂蜜。"

有些家长给孩子讲故事的时候，没有给孩子思考的机会，孩子的创造力自然就得不到锻炼。案例中张薇的做法值得我们学习，她在讲完故事后让儿子针对故事中的问题，想解决的办法。孩子不仅想到了用炮轰的办法，还想到了环保。这样的创造力若是转化到学习上，孩子遇到类似问题就能举一反三，让学习效率更高。

深挖孩子潜能的关键是分析孩子在认知力上的不足，然后对症下药，才能对孩子的学习有帮助。此外，认知力的组成要素之间是互相促进的关系。例如，注意力提高了，记忆力也会提高，从而带动反应力、空间能力等方面的提升，使孩子得到全面的发展。

强烈而纯熟的“第七感”效应

第七感是指我们通过行为或想法，对他人或自己内心感受，表达关心和理解的能力。孩子若是有了第七感，就能以他人的想法为出发点来推测出别人的行为，并给出合理的解释。简言之，第七感如同读心术。孩子有了这种能力，不仅能对他人有更深入的了解，也能够对自己的思维模式有更深的理解。

但是想要培养孩子这一能力十分不易，我们首先要知道创造孩子内心世界的基本思维元素，然后才能采用相应的办法，让孩子有强烈而纯熟的第七感，从而把学习变成一种神经本能。

下面，让我们先来了解一下基本思维元素，主要包括以下7种。

元素一：思考

思考是孩子对信息处理的一种方式。我们在看图像和文字的时候会联想、想象，看完一本书或是一部电影，一定会有一些心得体会。左脑辅助孩子形成观点。例如，我们给孩子讲故事的时候只说“皇后很伤心”，孩子很可能问你，皇后为什么伤心？这时你可以跟他说“因为她的猫丢了”。这才叫一句逻辑完整的话。

而右脑管辖着非语言的信息，父母在面对还没有掌握语言的低幼孩子时，要与孩子进行非语言交流。随着孩子年龄的增长，孩子对语言的掌握也越来越熟练，但他们往往还是会下意识地使用非语言。待孩子到了青少年时期，大脑开始重组，才会一改以前的思考方式，这时我们则要去改变与孩子交流的方式。

元素二：情绪

情绪可细分为：惊喜、悲伤、恼怒、羞耻、欢乐和厌恶等类型。我们能够感受到孩子外露的情绪，并把这些情绪贴上标签。然而，这种标签化的方式会让我们忽略孩子情绪背后的深层原因，不利于孩子正确地去表达情绪。

元素三：感觉

孩子没有掌握语言之前，生活在感觉的世界中。一件事物的好与坏来自他们的主观体验。因此，当孩子做完一件事后，我们应该先关心孩子的身体体验。例如，是不是心跳得厉害？肌肉是不是酸痛？胃里是不是难受？这些感觉对孩子的决定有重要的意义。这是我们了解孩子想法的重要信息。

元素四：认知

每个人对同一事物都有自己的认知，所以有人告诫我们，面对分歧时应该求同存异。可是我们很容易进入一个误区，就是认为只有自己的观点是正确的。例如，幼儿大多相信电视中所看到的东西是真实的，可是年龄大一些的孩子知道电视中的许多东西来自影视特效，有些人物也是虚构的。

据科学观察，孩子的认知能力从直觉认知到形象认知再到进入现实，是一个长期的过程，通常在3岁到9岁之间进行。

元素五：记忆

记忆的形式主要包括两种：一是内隐记忆，能够储存情绪、行为、疼痛等方面的记忆；二是外显记忆，通常情况下，要等到孩子有记事能力，才能使用这种记忆形式。

我们如果和孩子共同回忆生活中的一些经历，可以帮助孩子提高记忆力。要是共同回忆学习过的知识，也可以帮助孩子温故而知新，对培养孩子复习习惯非常有帮助。

元素六：信念

信念是我们理解他人和了解自身的核心。就算是孩子也有自己对世界的理解。如果我们想要让孩子说出内心真实的想法，可以问他一些开放性的问题。例如，你怎么看待这件事情？你觉得那件事为什么会发生？等等。

孩子的信念跟他所受的教育和经历密切相关，我们作为家长在孩子成长过程中要及时了解孩子的想法，引导孩子建立正确信念。

元素七：态度

态度直接影响着孩子处理问题的方式。但是，态度和信念比，时间相对短暂。因此，我们形容一个人前后不一时说，这个人的态度有了180度转变。我们通过态度去了解孩子内心世界的变化，对理解孩子的思维状态是十分有益处的。孩子常见的态度有崩溃大哭、火冒三丈、沉默不语，我们应该根据孩子态度采取不同的沟通方式。在孩子情绪平稳之后，我们可以和孩子探讨他当时的态度，这不仅有利于孩子了解自己态度转变的本质，也有利于他去理解别人为什么态度发生了转变。

元素八：意图

意图是指我们希望达到某种目的的打算，但是有时候结果会违背意图。例如，你的孩子想与别人的孩子一块玩，却不经那个孩子的同意，就玩他的玩具，结果导致了那个孩子的厌烦和疏远。这个时候，一些家长会把孩子的行为归为不懂礼貌，而不是教会孩子如何表达想结交朋友的意图。

以上就是孩子内心世界的基本思维要素，我们了解以后，再针对这些要素采用相应的办法，孩子在学习上的问题将迎刃而解。

办法一：让孩子学会掌控情绪

首先，我们要告诉孩子，伤心、愤怒、忧愁的情绪不会一直在心头萦绕不去，所以不要过于计较眼前的事情。其次，帮孩子转变对事物的看法，让孩子的情绪充满正能量。

孩子因为做不出一道数学题而沮丧，晚上躲在阳台上哭泣，并低声自责："我为什么这么笨，这样根本就考不上重点高中。"

爸爸发现他后，对他说："许多好学生都遇到过让自己头疼的题，但是并不影响升学。你不会可以找老师指导一下，一开窍，就再也不用害怕此类题型了。"

孩子在爸爸的开导下，马上转变了心情。他想："不会做一道难题是很正常的事情，只要想办法解决就可以了，不必看得过重。"

情绪会直接影响孩子学习的积极性，所以我们面对孩子因学习而沮丧的时候，要想方设法去把孩子的情绪调到正向上来。面对孩子的担忧情绪，我们可以像案例中的爸爸一样，先帮孩子分析担忧的必要性，再指出解决的办法。这样不仅能让孩子变得乐观，还能找到学习的方向，从而快速地解决问题。

办法二：教孩子理解他人的意图

有些孩子因为自己的信念和想法，难以理解他人的做法。我们要让孩子学会换位思考。学会换位思考，孩子能更好地理解别人，人际关系也能处理得更好。这能够让孩子与同学相互交流、共同进步。

办法三：培养专注力

当孩子因一些不确定的事而心慌的时候，我们可以通过其他事物培养他的专注度。例如，孩子担心考试时不会写作文：我们则可以给他买一本带精彩文章的字帖，让他安心临摹。这样可化焦虑为技巧。

孩子拥有了“第七感”，在理解力、学习态度上都会有所提高，成绩必然提高得快。此外，也会有更好的人际关系，在学习上会得到老师和同学的大力帮助。

开发大脑机能

我们该如何帮助孩子进行大脑开发，以促进孩子学习效率的提高呢？中科院院士杨雄里指出：第一，尊重大脑活动的基本规律；第二，不断探索脑活动的规律，找出对学习有帮助的规律；第三，要迎合孩子学习知识的规律。

我们先从大的方向上去说，家长要遵循的脑科学的规律，然后再细说如何去迎合孩子学习知识的规律。

一、循序渐进

大脑的发育方式是由内而外的。爬行脑的主要部分是脑干和小脑，负责人体的觉醒状态和本能行为，影响孩子学习的专注度和存活能力。中脑是大脑的边缘系统，负责控制情绪和新陈代谢的节奏。大脑皮层由顶叶、额叶、顶叶、枕叶、颞叶组成，负责孩子的高级认知行为。

我们只有等孩子的大脑逐步发育正常后，让孩子学习才有效。否则揠苗助长，只会给孩子的成长带来伤害。

二、用进废退

孩子0～3岁时是神经元高度发育的阶段，尤其是3岁的孩子，大脑的神经元突触是成人的2倍。3～15岁时，神经元会自动修剪，有用的得以强化，无用的被淘汰。在这一阶段，我们对孩子进行反复而长期的训练，可促使孩子形成良好的行为习惯。在15岁以后，孩子的神经元网络已定型，孩子的学习力趋于稳定，之前若是没有形成良好的学习习惯，以后很难改正，可能会影响孩子的一生。因此，我们一定要重视培养孩子的时间段。

三、前快后慢

孩子在1岁时，智力可达20%，4岁时达到50%，8岁时到80%，12岁时高达92%，17岁时智力发育完全。

就孩子智力增长的速度来看，涨幅最大的是0～12岁。因此，我们要把这段时间当成培养孩子的重中之重。

四、步步为营

培养孩子的学习能力，要遵守由下层能力上升到上层能力的顺序。下层能力包括：感觉运动、大肌肉群运动、知觉运动。上层能力包括：数字推理、自我监控、认知阅读。

孩子只有下层能力建设得合理，上层能力才能正常发挥。例如，艺术的三阶段为艺术感知、艺术直觉、艺术升华。如果我们不让孩子做多次的感知训练，他看到艺术品时不可能做出不假思索的判断，当然更无法上升到艺术升华的高度了。

五、大脑处理信息的步骤

孩子学知识必须经过新消息处理阶段。所以我们必须注重大脑在这一阶段的运作步骤。第一步，信息采集阶段，接收区域是脑干。大脑接收信息后，由前庭进行筛选，保留有用的信息。第二步，信息处理阶段，由顶叶、颞叶、枕叶管控。充分利用感知、记忆、理解等能力对信息进行加工处理。确保信息能被有效地留存。第三步，计划决策阶段，位于额叶区。额叶会根据收集到的信息，对当下所要做的事做出下一步的计划。第四步，执行阶段。身体根据大脑的决策，专注于某一件事情。

大脑加工信息的每一步有所缺欠，最后都会表现为孩子的专注度不够，由此造成学习力、记忆力、逻辑分析能力等方面的不足。

以上，就是从大的方向上说，家长要遵循脑科学的规律。但这些对孩子的全面发展还远远不够。下面，我们细看该如何迎合孩子学习知识的规律。

六、重视孩子学习的关键期

科学研究表明，孩子的特定技能、行为模式有相应的敏感时期，这是我们培养孩子必须知道的规律。我们只有注重这些关键时期，孩子的学习才会有事半功倍的效果。相反，如果错过了关键期，家长想要培养孩子某项技能或行为习惯就会十分困难。

现在，我们来看看，孩子成长中的敏感时期：2岁半，记忆发展的敏感期；2～3岁，语言能力和计算能力发展的敏感期；2.5～3岁，立规矩的敏感期；3岁是培养独立性的敏感期；3岁半是注意力发展的敏感期；3～4岁，是观察能力开始形成的敏感期；3～5岁，音乐能力开始萌芽的敏感期；4岁是学习外语口语的敏感期；5～6岁是掌握抽象运算方法的敏感期；6岁是创造力、观察能力开始成熟，及掌握词汇最快的敏感期；8岁是自学能力、阅读能力和综合能力开始形成的敏感期；9岁是辩证思维产生的敏感期。

敏感期就是我们培养孩子某种技能或行为习惯的着力点。要是我们错过的话，培养的效果难免会打折扣，所以我们要相时而动，这样孩子学习就会既轻松，又高效。

开发大脑机能是一项复杂而严谨的事情，我们切不可简单粗暴地对孩子进行知识填鸭，而是要针对大脑学习的过程和关键期，进行合理的培养，以保证大脑机能的充分发挥。

锻炼神经，磨炼孩子的“共情力”

何为共情力呢？简单来说，就是通过自我反思和换位思考去理解他人的能力。如果孩子缺少了这一能力，必然会给学习带来很严重的影响。试想一下，一个人如果在学习上不接受别人的质疑，一旦遇到与自己有分歧的事，就会强烈抵触。在人际交往上，总是以自我为中心，不能与他人和平相处。这样一来，他在学习上很难得到他人正确的反馈，这必然会影响他的学习的质量。

那么，我们该如何培养孩子的共情能力呢？这也要根据孩子大脑的特点去采用相应的办法。下面，我们来看具体该怎么做。

一、别把共情力当成语言表达能力

上一节说，2～3岁是孩子语言能力和计算能力发展的关键期，于是一些家长到这一时期才培养孩子的共情力。但是共情力是一种对事物感受的能力，侧重的是感受，而并非表达。因此，我们应该在孩子能感受到别人的情感变化时，就培养孩子的共情力。

据科学验证，孩子在14个月大的时候就能感受到他人的情绪变化了。因此，家长可以通过说话的方式，让孩子对情绪变化有所体会，这种铺垫，对以后培养孩子的共情力很有帮助。孩子到了3岁，大脑已经可以理解他人的情感变化了。此时，我们可以着重培养孩子的共情能力了。

二、不要否定孩子的感受

孩子的大脑处于快速发育的阶段，对于学习和生活中的一些事情会做出比家长丰富得多的反应。例如，我们儿时认为很好看的动画片，长大以后却什么感觉都没有了。除了见识增长了，不在意了，也与大脑的变化有关。所以我们要理解孩子的感受，而不是用否定的方式，去损害孩子共情力的发展。若家长总是否定孩子，孩子出于逆反心理，明明能够做到通情达理，也不会去做了。

三、别把沟通变指责

许多家长与孩子沟通的时候，并不是情感交流，而是站在自己的立场上，对孩子横加指责。例如，孩子考试没有考好，一些家长立即说："叫你复习全面点就是不听，这下自食其果了吧！"其实，有时没考好并非复习得不全面，可能是题很偏，或者百密一疏，疏忽的地方却出了大题，一下就失分很多。要是家长不经分析就指责，孩子必然难以接受，所以沟通时要先问清缘由，在指责上也要适度，不要引起孩子的抵触情绪。

四、不要只问自己感兴趣的事情

有些家长与孩子交流的时候只问自己感兴趣的事情，而且没完没了，有时候会让孩子无比反感。其实，我们应该多谈一些孩子感兴趣的事情。否则话不投机，你只有输出，却得不到孩子的反馈，这是不能锻炼孩子的共情力的。

五、不要把自己的观点强加给孩子

有些家长有一些根深蒂固的观点，非要孩子去接受，完全不考虑孩子的感受，严重影响了孩子的学习。

小云放学回家后，跟妈妈抱怨说："语文老师讲课就是读教案，要是像她这么教，我也会，所以我想换班。"

"老师再差也比你强，至少她读的教案是自己写的，你能吗?”

“根本就不是，她就是在书店买的参考书。”

“那她念的时候也得梳理重点，你就认真记笔记吧。不要再说换班的事了。”

一学期下来，小云的语文成绩下滑了很多。妈妈去开家长会的时候，发现小云班上语文成绩好的学生屈指可数，才意识到自己的观点错了。

案例中，妈妈的观点是老师必然强于学生，而且为了教学，会提前备课，能让孩子学到应该掌握的知识。可现实却不是这样，当下市面上有很多参考书，能帮助老师完成教学任务，但是无法提升孩子的考试成绩。因此家长应根据孩子的现实情况，帮他选择更好的学习环境，而不是强迫他接受自己的观点，并执行。否则不仅会导致孩子成绩的下滑，也不利于培养孩子的同理心。

六、不要给孩子灌输自私自利的理念

有些家长告诉孩子，知识是不能与同学分享的。因为你把知识分享给其他同学，你考试时的优势就不存在了。这是最错误的想法。要是你的孩子也有需要的知识，却无人分享，必然会减缓进步的速度，孩子在给同学讲题的时候，他自己也复习了一遍知识，而且为了让同学能听懂，他必然要用简单的话解释知识点，对知识点的理解必定也加深了。因此，同学之间应该交流学习，以求共进步，这样成绩才会快速上升。

七、引导孩子站在他人立场去感受

我们应该引导孩子站在别人的立场上去感受。例如，问孩子："如果你是他，你会有什么样的感受?"

此外，也可以让孩子通过观察别人的生活，去理解别人的感受。例如，有些孩子看上去承受力不强，其实主要原因是家长要求得过于严格，所以才对所犯的错误十分担忧。

孩子若学会了换位思考，共情力将得到极大的提升，对人和事物会有更深入的理解，这对学习也极有帮助。

八、父母要主动与孩子共情

如果我们希望孩子有共情力，在与孩子交流的时候，自己就要主动与孩子共情。尤其当孩子在学习和生活中出现困难的时候，父母要先进入孩子的思维轨道，看看孩子产生困难的原因是什么，然后再去提建议，孩子才有可能听从你的建议。

我们依旧以前面的案例为例。假设妈妈没有马上否定孩子的要求，而是很有同理心地对孩子说："妈妈念书时，也遇到过很不喜欢的老师，但还是没有换班。"孩子在好奇心的驱使下可能会问："您为什么不换?"此时，你可以说："其他科的老师都很优秀，我担心换了班以后，好老师反而不如以前多。"

如此一来，妈妈和孩子的谈话则转移到谈论整体优势上来了。孩子权衡利弊，就会重新衡量自己想法的对错了。

孩子没有家长那么多的人生经历，所以我们在培养孩子的共情力上，家长应该作为主导。多想想孩子的认知能力，自己孩提时代类似的事情，然后与孩子心平气和地交流，才会与孩子在情感上产生共鸣，接下来有益的建议，孩子才能听得进去，并去实践。

减少分心，保持持续专注

疫情期间，孩子在家自学的时间很长。很多家长对孩子的表现是叫苦连天。起初几天还能专注地看一会儿书，后来每天看一会儿玩一会儿，迟迟看不完一本书。还有一些孩子的分心方式更让家长受不了。例如，今天想学绘画，但只是三分钟热度，于是改学音乐，依旧坚持不长时间，却要改学围棋。许多家长担心孩子这样分心，而不能持久专注地学习，可能一事无成。

有些家长把孩子的这种行为归为喜新厌旧，意志不坚定。其实从脑科学的角度来讲，这正是人之常情。每个人都会对重复的行为产生厌倦感，从而追求新奇刺激的事物。尤其是小孩子，好奇心强，想要让他专注地做一件更难。

有些家长为了让孩子持久专注地学习，用物质去奖励孩子。后来却发现，孩子对重复的奖励也有厌倦感，更何况没有奖励，只是要求他努力学习。如果想让孩子有学习的动力，就应该针对孩子的大脑特点去制定办法。下面，我们来看，可以让孩子持久专注的学习方法。

一、改变孩子学习的顺序

有些家长为了让孩子养成良好的学习习惯，严格按照考试安排的科目顺序或传统的学习方式让孩子学习。例如，先学语文，再学数学，最后是英语；先背英语单词，然后再写作文。

其实，我们完全可以采用不同的学习顺序去改变孩子学习乏味的现象。

李红以前总是先让女儿复习语文课文里的生字和生词，再去写作文。久而久之，女儿厌倦了这样的学习顺序。于是李红让女儿采用了新的学习顺序。先按照课文后面的写作要求去写作文，要是遇到不会的字，可用拼音标注或者干脆留白，等把作文全写完，再对照课本或字典看字、词的写法和使用方法。

如此一来，不仅加深了女儿对课文内容的回忆，而且由于查字典，对字、词的使用方法有了更多的了解。此外，这种学习顺序没有以往学习中多次重复的过程，极大地调动了女儿学习的积极性。

案例中的学习方法，是拿目标去检验学习的效果。孩子可以一目了然地知道自己对哪些字、词掌握得不够灵活，然后有针对性地学习。而传统的学习方式，就算是会的知识，也要覆盖一遍，必然会影响孩子学习的热情。

我们对一件事体验记忆的核心要素是终值和峰值。峰值是指体验的最高峰，终值则是体验结束的感觉。我们完全可以把这种理论应用到孩子的学习中。比如让孩子按照喜欢的学科—不喜欢的学科交叉完成学习任务，保证孩子学习以他喜欢的学科结束，这样安排之后，孩子对学习这件事的体验感就上升了，也就不会再排斥学习了。

此外，我们对孩子阅读习惯的培养也可以改变顺序。例如，许多课外读物，孩子们都是从第一页往后翻看的，可能看了几页就不愿意看了。因为有些书有冗长、又难以理解的引言。这些引言不读，也不会影响对故事的理解。我们则可以让孩子越过前几页，从能读懂的地方开始读。

王蒙给正在读初二的儿子买了一本爱伦坡写的悬疑小说。因为听朋友说爱伦坡是悬疑小说的鼻祖。可是孩子只是翻看了两页，就再也不愿意看了。王蒙发现这两页内容是爱伦坡在开篇部分用近一千字讲述了逆向思维的作用，完全不像一个故事，但随后的故事却无比精彩。于是王蒙让孩子从故事部分看。孩子则十分喜欢这本书。

对于孩子来讲，一本书如果不能让他感到有趣，他就不会去学习。因此，我们该向案例中的王蒙学习，让孩子选择该书精彩的地方去读。此外，事实证明，这些精彩的地方，也有巨大的学习价值。例如，孩子可以从小说的精彩部分学习到安排情节、刻画人物的方法。

二、改变教学方式

同样的内容，如果采用不同的教学方式，给孩子带来的感觉是完全不同的。例如，笑星贾冰在他的小品《你的样子》中，和支教老师比赛朗诵《咏鹅》这首诗歌。贾冰采用的是联想场景的朗读方式，读出了春江水暖，一只大鹅带一群小鹅游泳的感觉。这要比毫无感情地朗诵一遍有趣多了，有利于孩子的学习。

因此，我们要改变自己对孩子的教学方式。例如，改变朗读的音量、音调；采用动画片的方式给孩子讲解课文，等等。这种游戏化的教学方式，会让孩子不厌烦学习。

有些家长会问，如果我不擅长采用新奇的方法去培养孩子学习的专注度，是不是就无法培养孩子持续专注的能力了呢？答案是否定的。要是我们能按照孩子兴趣的发展阶段，去采用相应的培养方法，孩子对学习也能变得很专注。

孩子对新生事物的关注过程可分为计划期、行动期、疲劳期、冲刺期4个阶段。

计划期，孩子刚接触新鲜事物。大脑处于兴奋状态，总是兴趣满满。此时大脑处于兴奋状态，很容易接受家长给自己制订的学习计划，甚至对自己提出比计划还高的要求。例如，孩子还不会素描，就想要画色彩。结果怎么也不能画出立体感，于是放弃了。为此，家长应该遵守循序渐进的原则，让孩子先练好基本功。

此外，处于计划期的孩子貌似兴趣广泛，其实是因为对许多事情的难度并不了解。家长千万不要给他报多个兴趣班。这样他的大脑要不断突破舒适区，这比做重复的事情消耗的经历更多。大脑的惰性会让他放弃一些科目。

行动期，孩子在最初的时候大多会坚持，因为知识不难。例如，孩子刚上学时学的生字都是笔画很少的，而且老师对书写水平要求也不高，孩子就愿意写字。但是这个阶段也是最容易放弃的。因为，如果孩子反复练下去，找不到进步的空间，就会有厌学的情绪。这个时候，家长应该采取一些办法，让孩子有所提高。

疲劳期，课业的繁重、多次的重复，会让孩子觉得学习十分枯燥，不愿学习。这个时候可以让孩子稍事休息，或者去学习其他科目，舒缓孩子对之前学科的厌烦情绪。此后，孩子再学抵触情绪就会小很多。

冲刺期。期末考试、期中考试、中考就是孩子的冲刺期。有些孩子因为恐惧失败，会选择放弃。我们要做的就是帮他分析恐惧的原因。一是知识点掌握得不够牢固；二是担心竞争对手太强大。家长面对孩子的恐惧心理，可以从考试的内容和录取的规则、院校的选择上去给孩子做心理疏导。孩子有了好的心态，才乐于坚持学习。

我们想要让孩子持久的专注，不仅要了解孩子大脑的特点，还要辅以正确的培养方式。这样才能让你孩子对学习既有兴趣，又有自信，才会对一个目标坚持不懈地努力。

每天5分钟，练就超强专注力

孩子学习缺少专注力是让很多家长头疼不已的事情。于是他们采用了强迫、指责的方式，想让孩子把注意力集中到书本上。孩子行为上虽然在看书，但是大脑却是排斥的，这是无法提高孩子学习的效率的。

但是孩子总有聚精会神去做的事。例如，绘画、玩游戏、下棋，等等，它们不仅能让孩子精神放松，还是孩子的兴趣所在。为此，我们可以借鉴这些方式，去训练孩子的注意力。

下面，我们来看，一些能让孩子省时省力提高注意力的办法。

朗读

我们可以让孩子每天拿出5分钟时间进行朗读。例如，让孩子给自己读一个很短的寓言故事。孩子在朗读过程中，也是在训练他的阅读能力，避免阅读时出现漏字漏行的情况，而且哪里有不会的字词，还能得到家长的及时指导，降低了孩子学习的难度，让孩子学习起来更轻松也更有兴趣，这样孩子的注意力也会更容易集中。此外，我们还可以在孩子的朗读训练中，穿插一些其他的训练方式，能让孩子得到更全面的提高。

大欣读完《小王子》的漫画书以后，妈妈让他先写故事简介，然后朗读给她听。于是大欣根据故事中的主要情节去概括故事，写出了一篇简洁但全面的故事梗概。这样的训练，不仅增强了孩子的语言表达能力，也提升了孩子的写作能力。

许多家长会让孩子朗读一篇文章中的精彩段落，这能让孩子学到写作手法。但是它与案例中的训练方法相比，无法训练孩子的逻辑思维能力。因此，我们在训练孩子朗读能力的时候，可针对孩子的不足，选择适合的训练方式。

听词拍手

这一方法可改善一些孩子在听力完全正常的情况下，对老师或家长说的话充耳不闻的情况。

对老师或家长的话充耳不闻，会导致孩子上课时听不清重要信息，进而影响学习效率和记忆力。针对这一问题，我们可以采取这样的训练方法。家长在孩子给孩子讲故事的时候，为了防止孩子昏昏欲睡、注意力不集中，可以加入拍手训练环节，这不仅能驱散孩子的困意，让孩子注意力放在故事上，还能让讲故事的过程变得十分有趣。

具体操作示例：家长提前把故事中的一些关键词语告诉给孩子，然后在朗读的过程中，让孩子听到这些词就拍手。如果想提升孩子注意力的持久性，可以从短故事慢慢加长为长故事。

听词拍手不仅能锻炼孩子的注意力，也能提升孩子听觉的灵敏性，从而提升孩子课堂学习的质量。

放松法

一些孩子学习时无法集中注意力的原因是紧张，所以注意力都集中在了紧张的事情上，无法专心进行学习，因此我们应该教会他们放松的方法。现在网上有很多催眠放松的音视频资源，我们可以让孩子舒服地坐在沙发上，闭上眼睛专注听课。适当的放松催眠，可改善孩子因为情绪紧张造成的注意力不集中。

另外，冥想训练对于放松身心，提高注意力也有明显的好处。

表象训练

这种训练方式可改变孩子上课时易受他人干扰、注意力不集中的问题。操作起来也十分简单。我们让孩子想象一块红颜色的积木，提问如果将其一分为二，会有几个木面，几个红面？如果分成八块，又会有几个红面，几个木面？面对这样的问题，孩子需要仔细思考，因而能够有效提升注意力，并且这样的问题需要一定的空间想象能力，故对于提升孩子的空间想象力、观察力以及数学中的几何思维都有很大的好处。

摹写字帖

孩子写作业不专注的一个重要表象就是，字迹歪歪扭扭，错字连篇。我们为了改变孩子的这种情况，可给孩子买一本字帖进行摹写。目前，市面上针对中小学语文课本制作的字帖有很多，可供孩子摹写。此外，这些字帖中，还有书写技巧的指导，以及文学常识的介绍。不仅能锻炼孩子的注意力，还能让孩子学到更多的知识。

静止训练

孩子小的时候，对很多事情事物都好奇，例如，铅笔盒、橡皮、教室里的书画作品、窗帘等等，眼睛总是左顾右盼的。我们面对孩子的这种情况，可以让孩子自然放松地坐在椅子上，然后拿手表，让他看一分钟内秒针和分针的走动方式，要是孩子注意力集中得很好，我们则可以适当增加他观察的时间。这样的训练，不仅能增强孩子的耐心和注意力，还能提升孩子对身体的控制能力。

家长切记，在采用上述办法时，一定要根据孩子的年龄、喜好、知识构成去挑选，并不断更新孩子训练的内容，必将让孩子的注意力大大提高。

Learning brain

activate children's brain potential

04 优化逻辑，一场受益终生的强效训练

进入“学习脑”的各个子系统

美国著名脑科学研究专家雷纳特认为，学习不只是单纯的心智活动，同时还需要协同生理共同运作才能进行学习。事实也是如此，大脑在学习的过程中，会产生一些激素来影响学习和记忆的效果。此外，人的心理活动虽然与大脑的机能定位有关（大脑的特定部位可控制人的心理活动），但是脑功能却是在神经系统的诸多子系统联动的形式下活动的。也就是说，学习是一个非常复杂的神经活动过程，不可能只有一个单一的学习系统。任何子系统出现阻碍都会对学习造成不良影响。

由于孩子所学习的知识既有抽象的理论，又有具体的事物，还包括不断变化的动作，并且很多知识都跨越了时空。孩子在学习这些知识的过程中，有时会伴有因认知水平带来的情绪变化。因此，在学习的过程中，孩子既要用大脑的左半球去处理抽象问题，如，对一个理论做逻辑分析，还要大脑的右半球对具体直观的材料进行加工；既要有大脑额叶去支配肢体的活动，又需要小脑去协调肢体动作。总之，孩子的学习活动是大脑多个子系统联合加工环境信息的过程。

所以孩子之间的生理构造不同、所接触的环境因素也不同，“学习脑”的系统也就自然存在差异。现在，我们就先通过大脑的三个基本功能系统，来看“学习脑”具备哪些子系统。

感觉功能系统：大脑通过感受器接受外界信息，由大脑皮层加工为感觉。不同环境下，大脑的感觉不一样。

运动功能系统：人的运动是由大脑皮层进行调节的。但是运动的方式会受到周围环境和人体机能的影响。

联络功能系统：主要有运动联络区和感觉联络区。动作联络区主要控制人体动作的精细化程度，而感觉联络区主要解析进入大脑的神经冲动，以获得更精确的信息。

可见，大脑为孩子学习提供了物质保障，但是它自身并不能产生知识，所以它要依靠客观现实来丰富，最后被大脑体系化。当下大力提倡的全脑教学，就是想让“学习脑”的诸多子系统协同发力，让孩子手脑并用、多感官并用，在轻松愉悦的状态下掌握知识、发展能力。

下面，我们就来一起学习该如何调动这些子系统，为孩子的学习助力。

一、注重学习要素的互动性

就大脑的学习方式来看，它是在情绪的推动下，对信息进行加工和理解的过程，是情感、认知、生理等方面要素联动的结果。孩子主动去学习是由其与生俱来的好奇心决定的，然后随着年龄的增长，对事物的了解由表面到深层，并形成属于自己的知识系统。

在这一过程中，孩子要不断推翻已有的知识构成，并与新获得的外部信息进行重组，从而完成知识的优化、理念的更新。可见，学习并不是被动地对知识进行接收，而是借助各个子系统给出的反馈，对信息进行主动加工和选择，形成自己独特的学习体系，以促进自己的学习。

二、注重情感的推动作用

孩子如果对探求知识没有兴趣，就不可能去学习。所以说，孩子的学习和认知建构，并非只是理性的过程，情感在学习过程中起着发动机和控制器的重要作用。具体的影响体现在以下几方面：影响孩子学习的态度、研究方向、认知的速度；决定了孩子学习的持久力和创造性；决定了孩子对知识的认知状态，如果孩子不喜欢一门课程，就不会主动去掌握与这门课程相关的知识。

三、注重学习的环境

以上几点，是基于孩子的生理、情感、认知来谈论学习脑的子系统。但是这些子系统离开学习环境，将无所依附。首先，大脑的学习内容与学习环境密切相关，良好的学习环境会让孩子主动吸收自己感兴趣或需要的知识。其次，孩子会通过已有的知识经验，对不同环境中的信息进行加工，从而有更多的收获。

四、注意孩子之间的差异性

每个孩子构建知识体系的过程都是不一样的。因此，我们在向孩子传授知识的时候，要改变以往灌输式的办法，而是做孩子学习的促进者、辅助者，从而充分调动孩子学习的积极性。

由此可见，学习脑子系统的运转，包括个体生理、情感情绪、外部环境等多方面因素，我们只有把它们结合起来才能为孩子打造“学习脑”，忽视哪一方面，都会给孩子的学习带来极大的阻力。

给孩子戴上一顶敏锐的思考帽

我们给孩子打造学习脑的主要目的，就是让他有更好的学习力，这也离不开对孩子思维敏锐度的培养。孩子思维敏锐，在学习上可以举一反三、温故知新，掌握知识必然更高效。经科学研究发现，人思维的敏锐性是可以通过训练来提高的，而且潜力巨大。那么，我们可以采用哪些方法来帮助孩子提高思维的敏锐度呢？

一、逻辑训练

我们要想提高孩子思维的敏锐度，对其进行逻辑训练非常必要。因为逻辑训练能让孩子学会归纳和演绎。以后他遇到问题的时候，就会采用归纳和推演的方式去解决，而不是毫无头绪。

二、手脑并用

孩子的天性是好动和爱玩，所以我们训练孩子思维敏捷性的方式，也应该符合孩子的天性。否则，不仅无法叫孩子接受，还会让孩子产生抵触情绪。因此，不要一味地让孩子做数学题。玩游戏、下象棋都能提高孩子思维的敏锐度，而且还能锻炼孩子的动手能力。

三、促进孩子语言的发展

语言是我们检验孩子思维敏锐度的重要工具。孩子在表达的时候，离不开思维给提供的信息，所以我们要是对孩子进行这方面的训练，必然会提升孩子思维的敏锐度。

有一天，我带儿子上街，遇到一位家长打孩子的屁股。儿子觉得这种教育方法是不对的。他走上前去，表情严肃地对那位家长说："小孩的屁股打不得。"

那位家长一看我儿子严肃的表情，反问："为什么？"

"伤大脑。"

"打屁股怎么会伤到大脑呢？"

"因为你的孩子受到了惊吓，就会伤到大脑。"

那位家长愣了一下，随后意识到了自己的错误。

有些家长打孩子的屁股，以为只会对孩子起到惩罚的作用。但是儿子却会从孩子受惊吓会影响大脑的角度，去劝说他不要打孩子的屁股。这样的逻辑完全合理，可见，儿子反应敏捷。

如果我们想通过语言训练孩子思维的敏锐度，也可针对孩子说的话，多提问一些为什么。孩子在出给答案前，必然会思考。不知不觉中，思维能力就得到了提高。

四、允许孩子天马行空的想象

我发现，孩子反应不敏锐的一个主要原因，就是缺少胆量，而继续深究孩子缺乏胆量的原因，就是有些家长会否定孩子天马行空的想象。这相当于扼杀了孩子发散思维的发挥，会极大降低孩子思维的敏锐度。因此，我们可以采用“头脑风暴”的训练方法，来提高孩子的联想能力和思维跨越度，孩子会更容易想到别人无法想到的地方。

五、尊重孩子的好奇心

好奇心是促使孩子学习的主要动力，我们应该尊重孩子的好奇心，并利用孩子的好奇心引导他们获得更多的知识。例如，孩子在观察花草树木的时候，不要急着把他拉走，这是孩子对此感兴趣的表现，我们可以引导和培养他这一兴趣，比如送他去美术班学习绘画。

但是，我们认为孩子应该学的东西，很可能是孩子最厌烦的。例如，孩子大多喜欢色彩艳丽的东西，可是学美术必须画没有颜色的素描；再如，孩子喜欢鲜活的东西，而不是抽象的课本知识，所以大自然比课本更能激发孩子学习的热情。因此，我们应该把孩子观察大自然当成一种学习。

六、巧用家中的小材料

我们可以让孩子利用家中废弃的饮料瓶、空盒子、吸管等小材料，制作工艺品。要是孩子不会做，我们可以给一些启发。例如，把一个饮料瓶制作成笔筒。孩子在观察你制作的时候，就能想到，有些东西的用途并不只有一个。除了把矿泉水瓶做成笔筒，还可以把它改造成漏斗。也应该给孩子买一些玩法多样的玩具，这也能锻炼孩子思维的敏捷性。

七、不要对孩子的观察作负面的评价

孩子遇到好奇的事物，通常会第一时间告诉家长。例如，孩子捡到一根断掉的橡皮筋，他却认为是条能伸缩的绳子，兴冲冲地对你讲橡皮筋的神秘性，可你却说不卫生，不允许孩子捡东西。其实这本是向孩子讲述物理知识的一次绝佳机会，却因为我们的否定而错过了。此外，孩子再遇到好奇的事物时，会想起家长给的负面反馈，从而打消了好奇的念头。

八、用提问的方式引导孩子思考

我们为了提高孩子思维的敏捷性，可采用提问的方式引导孩子去思考。例如，我们带领孩子爬山。登顶后，可以问孩子："你在这里发现了什么?"孩子说："比山下冷多了，风也大多了。"其实你想得到的答案是，这里视野更开阔了，景色更美了。至于冷暖是一种感受，并不是发现。可是，孩子的想法跟我们是不一致的，但是他们也没有错。

这时候，我们可以根据孩子的感受提问："山上离太阳更近，为什么山上会比山下冷呢?"

孩子可能会说："山上没有楼群挡风，所以才冷。"这时，我们不仅可以给孩子讲山上冷的原因，告诉孩子海拔和温度的关系，还可以告诉孩子，我们为了欣赏美景，忍受寒冷是值得的。以后孩子面对新事物和新环境，就会进行多元化的考虑。

孩子思维的敏锐度与天赋、才学、经验、好奇心、胆量密切相关，因此我们不能只是要求孩子学习知识，而是要全方位地锻炼孩子，这样孩子面对问题时才能思维敏锐，并想出最佳的解决办法。

用“游戏化”PK思维的“公式化”

“游戏化”顾名思义，就是参考游戏的优势去指导孩子学习，让孩子对学习上瘾。“公式化”是指，一个人到了一个时间就会自觉地做一件事，或者对一件事会做出习惯性的动作。

众所周知，重复等于单调。尤其对于孩子更是如此，这完全不符合孩子的好奇心。所以二者相比，游戏化比公式化更能提升孩子学习的动力。

此外，关于大脑对新旧事物的喜好程度，日本脑科学研究专家中野珠实做了一个实验。当我们一直在孩子的面前发出同一种声音的时候，孩子的额叶几乎没有反应，但是一变调，额叶马上有了强烈的反应。而额叶正是大脑的关键部位，它会向大脑连续不断地反映：我对新的声音感兴趣。于是大脑开始分泌多巴胺，让孩子更喜欢做一件事情。因此，我们要改变孩子学习的习惯，用兴趣而不是规则驱动他去学习。

下面，我们一起来看，如何把孩子的学习游戏化。

一、把学习的自主权给孩子

许多家长会让孩子按部就班地学习。这对孩子来说，不仅枯燥，而且毫无自主权。因此，学习在他们眼中好像是在完成父母安排的任务，自然索然无味。如果我们采用游戏化的方式，把学习的自主权交给孩子，这才能让孩子对学习产生兴趣。

我们把科目比作游戏中的角色，学习方法比作技能。孩子在游戏前，可以按照自己的喜好去选择自己喜欢的角色。例如，武士、法师、刺客、战士、怪兽，游戏时，可采用刀剑、拳脚、弓箭等进攻技法。孩子因为不受限制，不仅具有自主权，还能发挥出自己最大的优势，所以才会喜欢玩游戏。有些孩子喜欢玩游戏远程攻击，而不是近身搏斗，原因就是精准度是他的优势。我们对待孩子的学习也该如此。如果按照公式化去全面发展，很有可能造成全面平庸的结果。

二、允许孩子降低难度

课堂教学设置的难度对于每个孩子都是相等的。因此，一些基础差的孩子会出现上课分神的现象，原因有两点：一是难度大，二是不理解，自然没有掌握的信心，也没有学习的兴趣。为此，我们可以采用游戏的方式，去分解学习的步骤，降低孩子的学习难度。

许多游戏会针对孩子的游戏水平，设置普通模式和高难模式，就算没有，也有帮助新手训练技能的初级场。当孩子的水平很一般时，他可以选择普通模式，待水平提高后，可挑战高难模式。这样，不会一开始就失败，导致灰心，也不会因为太过简单而觉得无聊。此外，有些游戏不仅能给孩子很多条“命”，使孩子可以反复尝试，而且当发现挑战的难度无法逾越时，还可以及时撤退，重新选择武器或角色，改变战术去尝试。新的武器配备和新的战术往往能给孩子带来意想不到的惊喜，所以孩子更愿意玩游戏。游戏给孩子降低难度的方式是多方位的。一是允许孩子重来，二是提供的工具或武器，能降低孩子操作的难度。这和学习正相反。家长和老师通常会给孩子设定较高的目标，孩子有可能还没有达到目标，知识就更新了，于是又要面对新的难度，以前的不足迟迟来不及弥补，又影响了对新知识的掌握，不会的知识就像滚雪球一样越滚越多。学习总是让孩子压力重重，孩子必然会抗拒学习。

因此，我们应该在学习上多给孩子一些尝试的时间。要是时间很紧张，就想办法去提高他的学习效率，从而降低他的学习难度。这样孩子才有可能像喜欢游戏一样，喜欢学习。

三、像游戏一样设置目标

如果你也喜欢玩游戏，会发现许多游戏里目标的设置、角色的能力、武器的火力是匹配的。例如，你闯很简单的关，对力量、速度、智力和武器要求得都不高。可是闯很难的关，只要有一项不匹配，就很难过关。不过你不必太担心难关，你需要的武器和能力，都会在相应的地点出现，得到后就可以快速推进。

孩子在学习上，就很难有像游戏一样的目标设置。例如，有一地区小学四年级的期末考试题居然让写一大一小两篇作文，许多孩子称此次考试难出天际。面对这种情况，我们对孩子的成绩要求就应该下调一些。因为他们面对的是从未面对过的新题型，没有应对的办法，下一次出题会怎么样，孩子心里依旧是不清楚的，复习很可能因慌乱而影响进度。

四、让孩子的学习能力升级

许多游戏都是按级别划分的。最低级和最高级之间差距巨大。这种反馈的方式，会让人努力升级。孩子的考试其实也和游戏一样，我们应该按照考试的重要性或难度，给孩子相应的反馈，以调动孩子学习的积极性。

五、给孩子一个攻略

我们玩游戏的时候，游戏中有针对关卡的攻略。如，交代关卡的弱点和我们应该采用的武器。孩子可以根据攻略去选择武器，并进行演练，以保证可以顺利通关。如果孩子学习某一科目也十分吃力，我们则可以按照该学科的特点，以及孩子的短板，给孩子制定一个攻略，以降低孩子学习的难度，提升他学习的兴趣。

我们以语文学习为例。孩子想提高语文成绩，离不开大量的阅读、丰富的词汇量、正确的造句方法、有针对性地写作，等等。

我们可以让孩子根据自己的需求去选择要学的板块。我们想帮助孩子提高写作能力，则可以让孩子看大量的文学作品，并进行写作训练。这还能扩大他的词汇量，让他了解更多的知识。

当孩子找到适合自己的学习攻略，并取得预期的效果后，他则会积极地去学习。此外，攻略也是一种学习的方式，孩子完全可以把语文学习的攻略放在英语上，以求成绩的全面提升。

六、目标要合理，奖励要及时

游戏在目标的设置上十分合理，而且奖励及时。例如，当你没有弹药的时候，可以通过杀死敌人的方式得到，然后继续冲关。所以，我们在给孩子设定目标和奖励时，也该采用游戏的方式，否则很难奏效。例如，一位妈妈对排名垫底的孩子说，如果你下学期期末考进前二十名，我就给你买手机，什么牌子的任你选。乍一听，这位妈妈给孩子定的目标并不高，奖励却很丰厚，应该能调动孩子学习的积极性。其实，这位妈妈的目标定得并不好，因为实现的过程时间太长。孩子在学习的过程中难免遇到瓶颈期。此时，他会对目标产生恐惧，从而放弃。其次，孩子的学习是环环相扣的过程。如果我们不给孩子及时的反馈，孩子对自己阶段性的收获，就缺少阶段性的评估，可能会导致半途而废。

为此，我们可以像游戏的设置一样，把孩子学习的终极目标分解成多个小目标，而且每个小目标都有奖励，让孩子一步步去实现最终目标。这样更有利于提升孩子的学习动力。

小菲上初一了，但是数学成绩很不好。妈妈把她期末数学成绩获得优秀分的大目标拆分成几个小目标。例如，选择题应该得多少分、大题该得多少分。每次考试，只要有一个题型达到了要求的分数，都给予奖励。要是总分超过了预期的分数，奖励更大。

小菲经过努力地学习，每一个题型的成绩都是优秀分，总分自然超过了预期的分数线。于是家长给她买运动手环，并开车带她去青海湖，环湖骑行。

小菲的妈妈按照每一个题型的分数提升去奖励孩子，这样的细化目标能力，是很多家长不具备的。目标虽小，但是有利于孩子逐步去实现。尤其是对总分，还有超出孩子预期的奖品。这种激励方式，才能更好地让孩子学习。

七、帮孩子做出取舍

孩子在玩游戏的过程中，对于武器和能力的选择必然会有所取舍。例如，提升速度，就没钱买武器。所以要按照每一关的特点，去挑选速度和武器。敌人的封锁不是很严密，则可以选择提升速度，快速通关。反之，如果敌人的封锁很严密，快速通关这条路行不通，就该选用威力强大的武器。

孩子学习的时候，也会遇到取舍的问题。这个时候，我们可以根据孩子考试的要求做出取舍。例如，全面掌握重要知识点，浏览只需了解的知识点。

此外，有些游戏本身就可以作为孩子的学习方式。例如，猜歌名、猜成语等等。其实我们在打造孩子的学习脑时，还有许多可以向游戏借鉴的地方，以游戏的方式让孩子在快乐中学习，这需要我们慢慢摸索。孩子一旦把学习当成一种乐趣，自然就有了学习的动力。

疏通条理，绘制“逻辑树”

“逻辑树”全称“逻辑树分析法”，是一种在职场被广泛利用的分析工具。它可以把复杂的问题分解为简单可行的事情，让执行者更有成功完成任务的信心。

其绘制的过程是，先把已知问题当成树干，然后将诸多子问题分层罗列，每想到一点就给树干增加一条枝条。由高层到低层，逐步扩展。这样的方法可让我们找到与问题相关的关联项，减少重复和无关的思考。当逻辑树制作完成后，我们就像站在高层往下看，不仅能够看清问题的全貌，还能找出问题的所有相关项，帮助自己厘清思路，提升解决问题的速度。

要是我们把这种方式教给孩子，孩子面对散乱的知识点时，就有办法把它们按照逻辑性整合在一起，从而让看上去不可能完成的任务，轻轻松松地完成。

下面，我们来看该如何制作一个能帮孩子提高学习效率的逻辑树。

一、学会抓重点

如果我们仔细分析孩子完不成学习任务的原因，会发现任务并非多到难以完成，而是孩子无法找出其中的重点，从而导致学习任务无法完成。例如，在学习古代的诗词作品的时候，孩子会疑惑是该按照风格流派，还是按照朝代去划分重点。这无形中就增加了孩子的背诵任务，会导致孩子背诵很多无关紧要的作品。因此，必须让孩子学会抓重点的办法。例如，先把作品按照现实主义和浪漫主义两大类型去划分，然后再把文学鼎盛时期的作品当成重点学习的对象。余下部分，背一些代表篇目，这就已经学到了古代诗词的精髓。要是面面俱到，等于喧宾夺主。

二、明确目标

有人认为明确目标，就是知道最终目标。其实这也只能算是知道个大概，不能算是明确了目标。为什么这么说呢？我们来看一个案例。

一位调查人员把被测试者分为三组，一起去爬北京的凤凰岭景区。第一组，不知道哪个景点才是终点，只能跟着导游走，而且全程不能询问导游；第二组，知道具体重点，但是没有导游，也没有路线图，不知道要多久才能走到；第三组知道终点，也有路线图，还知道最快的登顶纪录是多少。

结果，第一组的被测者，走了三分之一就放弃了；第二组测试者坚持走了一半；只有第三组的测试者全部登顶。

可见，一个明确的目标，应该包括：具体的目标、精确的路线图、时间的限定，知道了这些详细信息，执行者才能有足够的动力坚持下来。

三、遵守原则

我们针对孩子的学科制作逻辑树，起初难免会为细分而苦恼。这个时候，我们就要遵循一些原则，来帮助孩子制作一个科学、详尽的逻辑树。

小点互相独立，部分完全穷尽——这个原则可保证小点既不重叠，而且没有遗漏。例如，要你帮孩子制作一个在疫情期间高效学习的时间方案，你该怎么做？

第一步，不要考虑限制因素，把你能想到的情况全部列出来。例如，是在线学习，还是苦读书本；学校复课的日期；我该给孩子准备的配套的参考书；目前全市的疫情情况；孩子学习的节奏是否应该加快，等等。

第二步，将罗列的事情，按照维度进行分类。维度是指和最初任务相关的关键因素。例如，学习方式是一个维度、学校的规定是一个维度、孩子的参考用书等，都可以当作一个维度。

要是我们不能很好地划分维度，可以到孩子的学习任务中去找关键词，进行划分。例如，疫情、学校要求、学习进度、参考用书，等等。

第三步，当我们找到维度后，就可以将列出的事情进行分类汇总，然后用思维导图去呈现。

1.检索、搜集、再分析。当我们把任务拆解成多个具体的分论点以后，为了确定分论点的合理性，需要先做检索工作，然后再搜集数据做支撑，并分析合理性。例如，把全市的疫情情况作为复课政策的重要参考；在线学习当作学习方式。如果检索时发现想要的信息找不到，说明这个论点比较大，可以再细分，以求获得更符合要求的信息。

2.执行。我们推导出解决方案，若是没有执行跟进，最终只会是理论，不能解决实际问题。所以我们要结合孩子的实际情况，制作出合理的学习计划。例如，周一到周五的任务清单，周末的任务清单。先学习必须掌握的知识，次重要的放在第二位。逻辑树给我们培养孩子进行了指引，我们还要让孩子执行，才能对孩子起到真正的帮助作用。

四、刻意练习

如果我们想要教会孩子制作一个高效的逻辑树，必须让孩子进行刻意练习，他才能够做到分清主要任务，最终才能有所收获，但是这种练习也并非一定要以学业为主，也可以通过其他事情去做逻辑树的练习。在孩子看电视剧甚至玩游戏时，我们都可以引导孩子用逻辑树进行分析。

鼓励孩子有好的点子，也要记下来。时间一久，他在自己学习时，马上就会应用逻辑树去梳理知识点，这必然会大大提升孩子的学习效率。此后，孩子面对大量的知识，也不会畏惧不前。

制作思维导图

孩子在学习过程中会遇到很多性质不一样的问题，这就需要多采用几种思维导图去帮助他梳理思路。否则大脑一片混乱，必然会影响学习的效率。据相关人士研究，最适合孩子使用的思维导图为“矩阵图”“关系图”“流程图”。下面我们分别来说一下，几种图的作用和制作步骤。

一、矩阵图

矩阵图就是从多维度的事物中，找出成对的要素，排成矩阵图，然后据此图来分析问题，以确定关键点。面对目的两个以上、每一个都要找出原因或对策的问题时，用矩阵图比其他图方便。

在横向与纵向的展开要素中，孩子要寻求交叉点，如果能够得到数据，就依定量方式去计算；如果无法得到数据，应先把数据转化为资讯，再做决定，所以决策交叉点时，去讨论所有的要素，并在矩形图的一旁标注出科目的名字、学习的时间，等等，以便使用参考。

有时候交叉点的重要程度不同，所以要用各种记号来区别十分重要的联系、一般重要的联系、有点关联。

矩阵图在孩子的学习过程中，有广泛的应用空间。它可以用来分析竞争对手；给新的学科制订学习计划、探索新的问题、展开目标、明确问题之间的关系、纠正学习的顺序，等等。

矩形图在诸多图法中的优势是，各种要素之间的关系一目了然，可让孩子快速掌握全体要素之间的关系，以在短时间内整理出问题的头绪和重点。

二、关系图

关系图是用连线的方式来表示事物之间关系。一件事物中的诸多小点之间存在因果关系。例如，阳光、雨露、土壤、风、庄稼之间能找出很多因果关系。我们只有掌握这些关系才能通观全局，分析研究出解决问题的措施和计划。

影响孩子学习质量的因素之间存在着很多因果关系，这些关系有的是纵向的，有的是横向的。纵向的可用因果分析法来分析，但这种分析法对横向关系的考虑不够充分，此时关联图就大有用处。因为关联图法最适合根据事物横向的逻辑关系找出问题原因。此外，关联图制作简单，是由圆圈和箭头组成的，其中圆圈中用文字标注问题的原因或目的，部分箭头由原因指向结果，或由手段指向目的。文字内容要简洁直白，重点事项可用双线圆圈来标注。

此图的用途很多，它可以帮孩子制订学习质量保证的计划、减少学习过程中疏忽的地方、查找需要补充的知识点；改进科学课之间的时间分配，改变学习顺序上出现的问题。

三、流程图

流程图是表示流经一个系统的观点、信息或部件的图形。在职场，主要用来说明完成某一问题的过程。例如，一个流程图可以解释某件工艺品的制作工序。这个过程中不同的阶段都用相应的图形去表示，并用箭头相连，代表它们流动的方向。下一步的进行取决于上一步的结果。因此，流程图具有检验孩子学习完成度、目标和计划匹配度、使用书籍适用性的作用。

其最大的优点是：各种使用方法一目了然，不会产生歧义。一些不合理的流程容易被发现，有利于完善流程。缺点是，有些细节太多，会让孩子厌烦。因此我们要根据孩子的需求去减少一些不必要的细节，从而让孩子的学习简单而高效。

如今网上有很多绘图软件。提供了绘制以上几种图形的模板。我们如果教会孩子使用，会让孩子的学习发生全方位的改变，实现事半功倍的效果。

轻松提高孩子的逻辑思维能力

每位家长都希望孩子在学习时能够有超强的逻辑思维能力，这能帮助孩子更好地解决学习上的难题。但是想要做到这一点十分不易。因为你首先要保证，孩子面对问题时，所采用的逻辑类型正确。然后才能采用办法来提高孩子的逻辑思维能力。下面，我们来看看，帮助孩子提高思维能力的方法。

一、深入了解要解决的问题

孩子在考试的时候，经常出现疏忽的问题。一个主要的原因就是，这道题看上过去有些似曾相识，于是大脑在惰性的指使下，想都不想就按照以前的思路回答了，而没有仔细地去分析这道题和以前做过的题是否真的相同，从而导致答错问题被扣了分数。其实这样的思考，也动用了逻辑能力，只是孩子没有花费更多的时间，去深入观察这个问题的细节，因此无法真正解决问题。

我们为了改变孩子粗心大意的毛病，可采用绘画中“多观察，少动笔”的理念。因为你一旦盲目动笔，以后再画的东西，都要以以前错误的地方为参照，那就全部错了。反之，我们起初就没错，然后全方位考虑，逐层推敲一件事，就不容易出错。因此，许多家长在指导孩子写作文的时候，一再要求孩子仔细审题，因为有时题目看错一个字，你的逻辑思维能力就算发挥出来了，也是大错特错，这和没发挥出来没有区别。

某所中学的期末考试中，语文试卷的作文题目是《肩膀》，一位学生一眼看成了《翅膀》。于是把一篇该写责任心的作文，写成了想象力丰富的文章，并用名著举例，证明想象力在文学创作中有举足轻重的作用。可是因为跑题，作文得了零分。

像案例中的细节，孩子们只要稍微认真一点，就能看出来。最不容易发现的问题，就是我们容易因为思维定式，而弄错了推理的方向。依旧以一篇推理小说为例，一位议员得到了一份机密文件，他的政敌派出多位特工，去他的办公室和卧室搜查。他们查找了房间里最隐蔽的地方，也没找到那份机密文件。其实文件就被议员贴在了办公桌上日历的后面。这些特工就陷入了自己的思维定式，所以才错过了放在最显眼位置的机密文件。

孩子在学习的时候，很可能出现想当然的现象，就是认为某一道题考查的知识点必然如他所想。可是有些问题换了个角度，考察孩子的逻辑能力，而不是记忆力。这个时候，就必须对问题的每一个细节都有所了解，而且相对应的知识点也应该了解得很透彻，才能彻底解决问题。

二、借助形式逻辑去推理

所谓形式逻辑，我们以对联为例。对联讲究对仗工整、合辙押韵。所以我们看到它的上半句，就应该想出它的下半句。孩子在考试中，也会经常遇到考察形式逻辑的题。例如，诗句填空、关联词的运用，等等。我们则可以通过给孩子讲形式逻辑的运用，帮他提升逻辑能力。

当然，孩子必然会遇到一些没有逻辑形式的问题。这时可以采用演绎、归纳、查找细节等方式，去得出结论。

简言之，我们要教会孩子借助形式的作用，并突破形式的束缚，逻辑能力必然会上一个新的台阶。

三、提高对语言的敏感度

很多孩子逻辑思考能力差，主要原因是对词汇的含义和用法了解得不多。因此，在进行逻辑思考的时候，会钻进思维死角，无法得出正确的答案。我们来看一道逻辑推理题。

小王和小张先后来到了一条河流的两边，他们都想要去河对岸，可是河里只有一条船，且船的载重量是一个人，多上船一个人，船就会沉没。可是二人最后却都坐船到了河对岸，为什么？

许多孩子看到这道题后，都认为不可能。究其原因，大多是受到了“先后”这个词的干扰，他们认为二人是脚前脚后到的河一边，然后想一起渡河。可是小船的载重量只能承载一个人。一个人一旦渡过了河，船又不能回到他离开的岸边，所以二人根本不可能都坐船过河。

其实，这里的河对岸，并非单独指河的左岸或右岸，而是河两岸。如此一来，情况就变成这个样子：小王先来到了河的一岸，过一会儿小张来到了河的另一岸。可是船在小张那边，他则先乘船渡河。小王随后乘船渡河，两人都上岸了。

这就是词汇对逻辑思考能力的影响。如果我们想让孩子通过提升对词汇的理解，来提升逻辑能力，可以做以下练习。

1.仔细阅读。我们可以让孩子先从感兴趣的课文开始读起。然后再读一些写作手法多样的书籍，这样在阅读的过程中就能培养出孩子的逻辑思维能力。许多优秀的文章都有逻辑严谨的思路，孩子想要读懂文章，就必须弄清楚作者的写作思路，这个整理过程本身就是对逻辑能力的一种锻炼。此外，有些文章采用双关语、反讽等手法，要是孩子不仔细阅读，是很难看出逻辑关系的，必然会对文章造成误解。

2.阅读长篇文章。长篇文章想要做到逻辑严谨是很困难的。如果我们让孩子在阅读的过程中找出文章逻辑不严谨的地方，会让孩子的逻辑能力得到快速的提高。

孩子在阅读的过程中，偶尔会遇到逻辑上想不通的地方。这个时候，我们就应该像案例中的爸爸一样，给孩子一个合理的解释。这样他再遇到类似的问题，就能全方位地思考问题产生的原因。此外，有一些文章的确在逻辑上有问题，我们就应该帮孩子分析问题出现在哪里了。

千万不要否定孩子的质疑精神。孩子敢于质疑，这代表他对一个问题进行了深入思考，而思考正是提升孩子逻辑能力的基础和关键。我们就着他的质疑去训练他的逻辑能力相当于顺水推舟，孩子必然快速进步。

3.在日常生活中锻炼。孩子平时会上网，在网上会看到许多网友针对一个问题进行辩论。这些问题中一定有孩子感兴趣的。我们要鼓励孩子发表意见，并用有说服力的论据去证明自己的见解是对的。这样不仅能提升孩子的逻辑能力，还能锻炼孩子的语言表达能力。

此外，我们还可以让孩子看一些辩论的视频。看完后让孩子分析辩论中的可取之处和不足，同时思考如果自己作为辩手，该如何反驳对方的论点。例如，质疑对方引用材料的真实性、所举案例的特殊性。这样的反驳方式才能叫作逻辑严谨。

4.提高孩子的反应速度。如果孩子只是做到了逻辑严谨，但是反应速度却很缓慢，这不能叫作逻辑能力强，因为学习和考试都有时间限定，如果超时，逻辑能力就不能展现，等于没有。因此，必须提升逻辑思维的敏捷度。例如，在三分钟内充分表达自己对一件事的见解；在40分钟内写一篇逻辑严谨的记叙文。这些练习都会提高孩子逻辑思维能力。

能让孩子提高逻辑思维能力的要素是多元化的，所以我们在训练孩子逻辑能力的时候，也要通过多种方式去促进他提高，才能让孩子的逻辑能力得到更好的发展和发挥。

Learning brain

activate children's brain potential

05 突破三观，打通思维模式的奇经八脉

一张四通八达的思维导图

思维导图是一种发散性思维工具，它可以还原大脑思考的过程。这种思维工具对我们给孩子打造学习脑极有帮助，它可以帮孩子梳理课堂笔记、厘清做题思路、提高学习能力、培养写作能力、制订复习计划，等等。目前，美国和日本的一些幼儿园和小学，已经把制作思维导图当作孩子学习的必备技能。

就具体学科来说：语文方面，思维导图可以用来帮孩子划分文章的段落层次、提高记忆诗词的效率；数学方面，有助于孩子理解抽象的公式、定理，把数学学习体系化；在英语学习上，可以帮孩子高效地记单词、分析句子结构、建立写作框架，等等。

此外，思维导图与按目录背书的记忆方法相比，条理清晰，层次分明，重点突出，孩子一眼就能看到应该重点掌握的内容。这样不仅能提高学习效率，还能锻炼孩子思维发散的能力。而且思维导图是孩子根据自己的理解，对整章或整本书知识之间的关系进行表述的过程，正符合孩子学习的思维习惯，也可增加孩子学习的趣味性，培养和锻炼孩子独立思考能力，让孩子乐于学习。

下面，我们来看绘制思维导图的步骤。

一、画出中心图像

在图纸的中心画出可代表你心中主体形象的图像。大小大约是纸张的1/9。随后，从图像的中心开始，向四周画放射状的线条，主要分支为了便于孩子记忆，最好不要超过7个。二三级分支必须与主要分支关系密切，并简洁凝练。最后在图纸空白处的中央标注为孩子预定的目标。它就是思维导图的起点。

我们在制图的起始阶段，应该使用鲜明的颜色来标注重点、明确结构，这样不仅有利于孩子快速了解所要学的内容，还能加深任务在孩子头脑中的印象。通常情况下，一幅思维导图，至少应该用三种颜色的笔去绘制，并且要创造颜色编码系统。颜色既可以用来划分层次，也能用来表明主题。此外，有些颜色还能起到强调重点的作用。我们还可以用弯曲的线条去绘制图，这样活泼的方式比严肃的直线更符合孩子的审美要求，有利于孩子记忆。

每一条分支都可以采用不同的颜色，这能让图形有更好的分辨度。分支确定以后，让孩子在这些分支上标注清晰的关键词。这样，孩子想到相关概念时，马上就会想到关键词，然后由这个词带动去想概念，可保证记忆得更加全面。

二、提取关键词

关键词就是最能代表内容的关键词语，而不是一整段话或一整句话。这个词，我们可以在内容中找到，也可以自己去进行总结，以保证词语有更丰富的内涵，能给自己更多的提示。我们若是把很长的文字写在分支上，必然会增加大脑记忆的负担，导致孩子厌烦学习。而且过长的文字会导致画面看上去层次不清，不利于孩子阅读。因此，思维导图在关键词上应该做到：简短精炼、层次清晰、表意准确。

三、增加分支

如果我们想让孩子对知识掌握得更全面，就要把知识细化。那么，细化到什么程度好呢？据脑科学专家研究发现，大脑瞬间的记忆量是7个单元。所以，思维导图的主要分支也应该以七个为好。要是内容太多，超出了记忆的极限，反而会过犹不及。为了不让这样的情况出现，我们可以把分支特别多的事情，画在两张或更多的纸上。

我们在教孩子绘制下一层级的分支时，要保证分支与上一级、其他分支之间有关联。如包含因果关系、逻辑顺序、指示作用关系等。

另外，我们要善于提炼和总结，即把意思接近或一致的内容合并到一个分支中。要是某个分支的内容表意很多，我们则可以让孩子将之拆分成几个分支。这样可达到语义不重复、整体更均衡的效果。

四、完善思维导图

思维导图的完善，主要依靠孩子的想象力、联想力，以及知识之间的关联性。如果孩子善于完善思维导图，就可以让这幅图涵盖更多的知识。例如，我们可以用一幅图表示上百个高频词汇。分支分别为词干、前缀与后缀。孩子只要记住词干，就能写出许多衍生词。此外，图中所选择的都是高频词汇，孩子掌握后，相当于抓住了考试的重点，省了反复翻看单词书所用的时间，也可以有更多的时间复习其他学科。

我们以王维的诗《画》为例子，来看如何指导孩子画思维导图。首先，家长可带领孩子快速浏览古诗“远看山有色，近听水无声。春去花还在，人来鸟不惊”，并根据主题去分析关键词。

这首诗的主题是春色。每一句都可以作为一个分支，且有自己的主题和关键词。例如，第一句，写的是远景。主题为“远”，关键词为“看”“山”“色”。第二句，主题是近，关键词是“听”“水”“声”。之后三、四句具体写到春去时分的春景和鸟对人的感觉。关键词分别为“春去”“花在”“人来”“不惊”。

我们帮孩子做完这方面的分析后，则可以帮助孩子补充理解难点。以“色”字为例，可以指某件事物的具体颜色，也可以指某件事物的独特之处。孩子只有正确理解关键词在诗歌中的意思，才能充分发挥想象力和联想力。

然后，我们再来领会诗歌整体的意思，以及诗人的思想。诗的名字是画，描写的却是自然景色。现实中的流水会叮咚作响，可是画中的却安静无声；真正的春花总会在春天离开时飘落，可是画中的花依然盛开；鸟看见人走过来会因惊吓而飞走，可画中的鸟不会飞走。我们读完此诗，可看出诗人对安静、美好、永恒的向往，以及对现实情况的感伤。

随后，我们根据对诗歌的提炼，带领孩子制作出思维导图的中心图案、分支，以及关键词。最后让孩子根据图，回顾全诗的内容。孩子很快就能将这首诗背下来，并对其有很深刻的了解。

可见，思维导图不只是对知识的归纳和总结，更是一种效率极高的学习方法。我们可以结合孩子所学的学科，在图上增减分论点。善用思维导图，可以让孩子学习有的放矢，集中精力学会自己最需要的知识。

学习系统的回路

所谓回路，简单地说就是一种闭合的因果循环。例如，一个老生常谈的问题，是先有蛋，还是先有鸡。这就是一个互为因果的关系，它们之间就构成了一个回路。在这个回路中包含着两个要素：实体和关系，鸡和蛋就是实体，它们之间的相互影响就是关系。关系的作用又分为正面反馈和负面反馈两种。

有些家长会问，知道回路和反馈对孩子的学习到底有什么用呢？我们知道，孩子学习离不开有效的反馈。以航海做类比，反馈就好比船上的雷达和声波，雷达测试前方是否有障碍物，声波测试海水的深度。要是船员得不到精准的反馈，船就很可能触礁。而基于反馈所形成的路径，则可以统称为回路。我们在培养孩子“学习脑”的过程中，就是要找到有利于孩子学习的正面反馈，从而构建增强回路。

一、增强回路

增强回路是指全是正面反馈的回路，事物之间的关系全是互相增加的。例如，鸡的数量增加，鸡蛋的数量也随之增加。其实学习中增强回路的例子比比皆是。例如，采用高效阅读法，阅读了更多的书籍，收获了更多的知识。但是许多孩子在学习中，会产生负增强回路，所以我们就应该想办法去改造它，使其向正向上发展。这样孩子才有兴趣和动力去学习。

有些学生对教学质量失望，从而厌倦学习，所以越是学习，越不愿意学习。这种不断进行的恶性循环，必然会让自己的学习效率降到极低，最后对学习完全失去热情。其实这样的问题有很多种解决方法。例如，告诉自己努力学习可以弥补教学质量的不足，要不许多比自己学习环境还差的人不可能考上重点高中。此外，老师没有讲明白的知识点，自己可以通过网络来学习，没必要非得计较老师的教学水平。

以上的想法，就是在切断以前的回路，并重新建立起增强回路。例如，努力－提高－补充－高分－进入目标学校。

还有的学生在学习上应付差事，对自己不自信，甚至连考试都不敢参加，他不仅缺少学习的动机，而且在学习上的反馈为零。这个时候，家长首先要为他调整的就是心态。例如，告诉学生，完成比完美更重要，你不去参加考试最后成绩就是0分，只要你到了考场答题，最后成绩总不可能比0分更低，只要走上考场就是进步，就值得鼓励；而且只要平时认真学习，考试就不值得惧怕，还可以通过考试向别人证明你很优秀，更加树立自信心。当学生认真学习后，家长可优化他的学习方法，从而让成绩帮他提升自信心。

可见，增强回路能不断推动局部的优化。回路一旦形成，整体优势就会不断形成，而且越来越好。那么，我们该用什么来阻止这种情况呢？那就是帮助孩子调节回路。

二、调节回路

尽管增强回路很强大，但是在运作的过程中总会碰到一些限制因素。这些限制因素就被称为调节回路。调节回路就像是刹车，当你觉得车速太快的时候，踩住刹车，车速就会慢慢降下来，最后达到一种平稳的状态。因此有人把调节回路当成解决问题的机制。

但是，我们在采用调节回路的时候，必须接受一个让许多人都头疼的事情，那就是延迟。如果不接受就会出现矫枉过正的情况，严重影响孩子学习。这就好比我们用热水器去洗澡，一开始流出的水是凉的，如果我们想要温水，就需要调整阀门，但是不能一下就把热水阀门开到最热，因为人的皮肤需要一个逐渐适应的过程。此外，就算开到最热，但是混入了冷水，也要过一段时间才会成为温水。因此，我们要提升孩子的学习能力，就必须认清两种回路在学习系统中作用，并通过工具去指导孩子使用。最为常用的工具就是因果回路图。

三、因果回路图

因果回路图，顾名思义就是用因果关系链表示解决问题方法的图。构建这样的图过程并不复杂。下面，我们来看具体步骤。

1.找问题

所谓找问题，即找到孩子学习上经常遇到的问题，把其作为分析对象，这样的问题通常会越来越严重，因为它背后有负增强回路；反之，一次性的问题就找不到负增强回路。

2.找原因

找到产生问题的原因，是解决问题的关键。但是由于许多问题的原因不止一个。所以我们可以采用思维导图的方式。就是把问题写在一张纸的正中间，然后在周围写上三到五个原因。例如，问题是：孩子成绩下滑得太快，分析原因可能是：学习的内容越来越难；孩子有厌学情绪；考试的题出得有点偏。

3.找后果

后果并非结果，它是指由结果带来的进一步影响。例如，孩子英语差，最后的结果是，可能考不上重点高中。

4.找回路

找回路是指，找出原因与后果之间有没有关联和闭合的回路。要是有，就用带箭头的直线标出，从原因指向结果，要是二者之间是正反馈的关系，在箭头处标注一个加号，如果二者是负反馈的关系，则在箭头处标注一个减号。

孩子的学习系统中难免出现负增长回路，这时我们就要用增长回路和调节回路，去维持系统之间的平衡，从而保证孩子成绩的稳步提高。

把孩子打造成“学习能手”

我们该怎么做才能把孩子打造成“学习能手”呢？现在，我们来看具体方法。

一、帮助孩子认清自己

我们想让孩子在才能、勇武上超过他人。首先应该做的就是，让孩子认清自己在学习上有什么天赋、在性格上比他人具备什么优势。如果弄不清，却无畏，等同于鲁莽，很可能给自己带来极大的挫败感，从而放弃学习。例如，孩子色弱是很难学好美术的。这种情况下，我们就不应该强求孩子去学美术，而是换一个他适合又喜欢的科目去学，他才更有可能比别人优秀。

二、让孩子学会独立

如果我们想让孩子主动迎接学习上的挑战，就必须让他学会独立。但是这必须遵循孩子的成长规律。要是我们在孩子很小的时候，就让他完成无法胜任的学习任务，他就会恐惧学习，还不利于独立能力的培养。此外，以上章节说过，培养孩子的技能有关键期。其实培养孩子的独立性也有关键期——就是3岁时。此时，孩子有了明显的自我意识。我们则应该顺着孩子自我意识的觉醒，让孩子做力所能及的事情。例如，穿衣、吃饭、走路、看书，等等。

我们要教会孩子独立，首先要做的就是让孩子认识到独立性的重要，从而自觉萌发出独立意识。

冬冬和苗苗不会用“沸沸扬扬”一词造句。于是各自回家向妈妈请教。

冬冬的妈妈说："你就写，集市上沸沸扬扬，十分热闹。"而苗苗的妈妈没有直接告诉孩子答案，她让苗苗在网上查沸沸扬扬的出处、定义、近义词、反义词，以及用法。

苗苗发现，沸沸扬扬原本是指水沸腾后气泡、热气翻滚的样子，形容人声喧闹。于是她结合自己的理解造了一个完美的句子。

此外，苗苗还在网上看到了沸沸扬扬的近义词：满城风雨、人声鼎沸、七嘴八舌、热闹非凡等。反义词：冷冷清清、鸦雀无声。这次查找让她学会了很多知识，此后她再遇到难题的时候，不是去请教家长，而是自己上网查答案。这样的学习方式不仅丰富了苗苗的词汇量，也为她写作文打下了良好的基础。

不给孩子提供独立空间的妈妈，最后孩子只学会了一种造句方式。而给孩子独立空间的妈妈，却让孩子学到了很多知识。而且这种由独立性带来的成就感，会不断鼓舞孩子去学习，甚至尝试创新。孩子有了独立性，才不会依赖他人，这是形成英勇品质的必要要素，所以家长一定要重视。

三、提升抗压力

所谓抗压力，是指人在应对逆境、困难和强大压力的时候，个体的精神和心理适应能力。日本著名心理学家久世浩司著有《抗压力》一书，他认为，抗压力比学历和智商更能决定一个人的成功和幸福，因为在当今社会，这是一种必备却稀缺的能力。而且让一个孩子拥有超强的抗压力，在他的成长过程中，我们需要着力的点太多了。

1.自尊心。许多孩子的压力来自自尊心。例如，在演讲时突然忘词，引得台下哄然大笑，自己觉得很丢人、很伤自尊。其实我们应该以平常心看待此事，每个人都会犯错，从中总结经验，以后改善就可以了。

2.情绪调节。情绪是一个人对压力的外在表现。如果总是沮丧、愤怒、抱怨，是无法称为有英雄气概的。英雄面对困难时，应该表现出坚韧和沉稳的气度。

北京冬奥会自由式滑雪比赛中，中国男女混合空中技巧队的一名男队员出现了重大失误。女队员徐梦桃第一时间冲过去安慰男队员，而不是埋怨。随后她凭借自己稳定的发挥，为中国赢得了一枚银牌。

赛后，有许多网友说，徐梦桃6次参加重要比赛，拿了5个银牌，缺少冠军相。然而她屡次与冠军失之交臂的原因是，她的膝盖有伤，采取高飞的方式进行空中表演，有时会在落地时出现失误。但她在随后的个人比赛中，依旧采取了高飞的方式。这一次，她夺冠了。终于弥补了自己的遗憾。

徐梦桃作为一个空中技巧运动员，不仅训练时要经受无数次的跌倒爬起，还要面对比赛成绩不理想带给自己的巨大挫败感。可是她从没放弃过，更没有情绪失控，而且还能在队友无比自责的时候，第一时间送去安慰，这才是英雄该有的风范。在沉稳方面，她也给大家树立了榜样。采用高飞的方式已经让她失败了5回，可她依旧坚持了下来，并夺得冠军。因为她深知那就是能夺冠的动作，自己应该想的是如何把它完成好。

孩子在学习上也会遇到与徐梦桃类似的事情。例如，写作文跑题、因紧张思维短路、复习得不够全面，等等。与其对无法改变的事沮丧、愤怒，不如调整心态，争取下一次好好发挥。就算再次失败，面对别人的冷嘲热讽也不必理会，别人不知道你的经历，更不知道你的想法。只要你自己知道自己的选择是对的，就去坚持，因为有些改变不叫改变，而叫动摇，会带给自己更大的失败。

这就是情绪调节对孩子学习的作用。我们只有让孩子学会用积极的情绪看待事情，他才会有上文说的增强回路，最后走向成功。

3.自我效能感。所谓自我效能感，简言之就是敢于自我肯定，如毛遂自荐。孩子只有认为自己在学习上能行，才会敢于对学习发起挑战，并战胜学习上的困难。

4.性格乐观。有些孩子总是把事情往坏的一面去想。例如，考试失败了怎么办？其实一次成绩不理想根本算不上失败，我们要引导孩子不要把一次两次的成绩看得那么重要；其次失败可以检验你知识的短板，对你以后的学习极有帮助。所以我们要告诉孩子，凡事都应该想到它好的一面，从而乐观从容地去面对。

5.人际关系。孩子面对巨大压力的时候，需要亲朋好友的开导和支持，他才更容易战胜压力。所以，我们应支持孩子。在他考试成绩不理想的时候及时肯定他，而不是去指责他；帮助他分析考试失利的原因，鼓励他下次考试加油。同时也要鼓励孩子多交朋友，与他人和谐相处，这样才会得到他人的帮助。

四、突破局限

尽管培养孩子讲求顺乎天性，办法得当，但是有些学习内容，孩子必须靠突破自身局限才能掌握。孩子在学习上也难免有局限，例如，学习习惯、天赋、学习环境，等等，这个时候我们就要培养孩子敢于突破局限的勇气，并不断摸索新知识、新技巧的使用方式，从而不断完善自己，获得成功。

五、深度思考

我们想让孩子做学习上的能手，离不开让孩子对问题进行深度思考。例如，有人说可乐会腐蚀牙齿，因为它里面含有油污清洗剂的原料。这个时候，孩子若不用化学知识去深入思考这个问题，就不能知道这个说法到底是正确的，还是无稽之谈。这等于让所学知识无用武之地，又何谈“学习能手”呢?

我们想把孩子打造成“学习能手”，只依靠提升孩子的勇气和坚韧性是远远不够的，还需结合思考能力、抗压能力等，才能让孩子在学习上做一名既睿智，又博学的英雄。

别再喂养“安乐窝里的狼”

父母爱孩子是天性，但是到了溺爱的程度，对孩子则是有百害而无一利。溺爱能给孩子带来的伤害有很多。例如，自私、懒惰、不能明辨是非、做事计较、缺少责任意识等。为此，我们应该换一种方式去爱我们的孩子，从而保证他们健康地成长。

一、疼孩子要有度

舍不得孩子受一点点伤害，这是许多家长的想法和做法，但这是不可能的。首先从大的环境上讲，你得让孩子去学校念书，他在与同学玩耍时，有时会受伤。这是我们无法控制的。此外，孩子的一生必然会遇到一些难以逾越的问题，如果我们不让孩子去尝试，他可能永远也无法解决这个问题。因此，我们疼孩子要有度。

二、让孩子懂规矩

人常说“没规矩不成方圆”。因此我们在教育孩子的过程中，应该给孩子制定一些相关的规矩，制定的原则就是张弛有度。

一位教育学家说：“有规矩的自由叫活泼，没有规矩的自由叫放肆。”例如，马儿在马棚里悠然吃草，东奔西跑，这叫活泼。因为它没有破坏规矩，这种情况就不必严加管教；要是它出了马棚，随意践踏庄稼，就叫作放肆或我行我素了，我们则必须加以管束。

马儿奔跑和孩子好动的天性一致。要是家长定的规矩扼杀了孩子爱自由的天性，这种规矩则就毫无意义。但要是孩子过分自由，任性、脾气暴躁，则需要我们用规矩去约束。这样张弛有度才能保证孩子健康成长。

三、让孩子吃些苦

有些家长觉得让孩子吃苦，会对孩子造成不利的影响，其实不然。孩子若不经风雨，就好像被圈养的狼，以后都很难适应残酷的竞争环境。但是我们对孩子吃苦的类型要严加挑选，否则属于白费力气。下面，我们来看孩子该吃的几种苦：

1.孤独。学习的过程是很孤独的。在学习的过程中，孩子必须一个人默默背古诗词、绞尽脑汁地想数学题，这样才能把知识变为自己的。此外，随着孩子的长大，父母的知识储备已经很难教育孩子了。孩子会选择外出学习，从而离开父母无微不至的照顾。因此，我们应该让孩子接受孤独的磨炼。这样不仅能提高孩子学习时的定力，培养他独立生活的能力，还能让他学会感恩。

麦家把不溺爱孩子的原因归结为，不愿意让孩子做盆里的花、挂着铃铛的宠物。这才是父母该给孩子的爱，即，为孩子的长远发展考虑。此外，孩子吃了孤独的苦不仅能增长技能，也能想到父母的不易，从而改变在家长面前骄横的态度。

2.坚持。坚持是成功的关键，可是有的家长在孩子的学习上，却始终无法狠心让孩子坚持。例如，我一位同学带儿子去学柔道，孩子摔倒几回，他就心疼了，决意不让孩子再学。他决定让孩子去学小主持人。可是看孩子背诵长长的主持词时，又心疼了。他又让孩子学模特表演……结果孩子没有一样拿得出手的特长。

我们应该根据孩子的需要或兴趣点，鼓励孩子坚持下去，孩子才更容易成功。许多人曾看过一个叫“奇迹”的视频。一位世界知名的肚皮舞舞者，在肚皮上放了十个硬币。他只靠肚皮就能操纵这些硬币中的任意一枚站立或趴下。该舞者说：“我能做到这样，是因为妈妈告诉我，卓越来自长久的坚持。”

我们都希望孩子出类拔萃。但是孩子不吃坚持的苦是很难做到的。因此，我们应该告诉孩子坚持能给他带来的回报。让他主动选择坚持，而不是代替他去放弃。

3.吃基本功的苦。当下，市面上有太多号称能给孩子减轻学业负担的产品了。讲的大多是解题的技法。孩子看讲解时觉得很实用，但是到考场上，却发现不适用，为什么会出现这样的情况呢？我们以英语作文为例，你若只知道写作的套路，却不会写所需的词汇，在考场上不可能写出好作文，阅卷老师也不可能给你高分。因此，我们要督促孩子苦练基本功。以防孩子因技法沾沾自喜，实际上却是本末倒置，不进反退。

4.吃失败的苦。有些家长面对失败的孩子不忍心指责，甚至会让孩子放弃。这样孩子既不会因指责而警醒，也不会因失败收获一点经验。也就是说，失败得毫无意义。因此，我们面对孩子的失败时，既不应该一味指责孩子，也不能一味宽慰，而是应该帮孩子找失败的原因，并分析成功的方法。这样孩子才不会半途而废，一事无成。

家长培养孩子的目的是希望他能更好地成长，那么，应该让孩子经历风雨，而不是躲在安乐窝里只会贪婪和任性。这样既不能应对学习上的考验，也无法应对生活上的考验。在安乐窝里成长起来的孩子，终有一天会成为我们沉重的负担。

Learning brain

activate children's brain potential

06 维持动力，学习是一项可持续开发的内驱力

把握内驱力，让大脑兴奋起来

关于内驱力，美国著名心理学家爱德华·德西认为：它不是一种简单的因为喜爱而采取的行动，它是一个强大的、可持续的过程，更是我们培养孩子的一种策略，我们可以通过正确的方法，去不断地提升孩子学习的内驱力。

事实也正是如此，因为孩子的学习动机通常会经历三个阶段：一是奖励夸奖，二是兴趣爱好，三是责任感。学习动机是一个人进行学习的直接原因和内部动力，并决定着孩子学习的持久性、努力程度、所选科目、学习方法，等等。下面我们先来看，如何根据孩子学习动机的三个阶段，去把握孩子的内驱力。然后再来看，我们在把握孩子内驱力时应该注意的问题，也是必须规避的禁区。

就孩子的年龄段来看，童年时期的孩子在学习动机上是内部、外部兼有的。例如，孩子会因为好奇而去学习，这是孩子的内部动机，家长给的口头表扬和物质奖励是外部动机。因为小孩子的好奇心大多来自新鲜感，所以好奇心多，却非常短暂，不能形成长久的学习动力。让孩子选择长久学习的原因，反而是来自家长的外部奖励。我曾看到过，一个小孩在田径比赛中夺得了冠军，却痛哭流涕。因为冠军的奖品是电子表，可他就想要亚军的奖品足球鞋。这就是孩子学习内驱力的独特之处。

当下，许多家长都采用物质鼓励的方式去调动孩子学习的积极性。但是这样的方法，有一个最大的弊端，就是孩子一旦达到目的后，学习的动力会有所下降。此外，他们坚持的原因与兴趣无关，学习时很可能因为烦躁或失败而放弃。因此，我们把握孩子内驱力的关键是，要把握住孩子的年龄段。

孩子大一些以后，学习动机更多来自学习的兴趣，而且维系的时间要远比物质奖励长久。例如，有些孩子选择一些爱好后，可能会坚持到初二，后因学业太忙而中断。但是，兴趣也有一个弊端，就是很多人的兴趣会随着年龄的增长不断变化。例如，儿时喜欢音乐、美术，少年时期喜欢影视、文学，工作后喜欢手工、历史，等等。因此，我们指望把兴趣作为孩子学习的内驱力，也很容易面对孩子内驱力不足的情况。

因此，孩子最持久的内驱力，就是来自自身的责任感。责任感是孩子自我意识苏醒的表现。不是单纯因为喜爱而进行的一种行动。例如，有些孩子为了考上重点高中而努力学习。所学的学科中有很多他并不感兴趣的知识点，可他还是坚持去学。因为，他知道自己想要实现目标，就必须掌握那些知识点。孩子有了责任心，我们就可以对他的学习放手了。

下面，我们再来看看，我们在培养孩子学习内驱力时，应该规避的禁区。

禁区一：以为简化可提升动力

孩子的学业很繁重，于是有些家长想通过删除学习内容的方式，让孩子觉得学习很轻松，从而爱上学习。这样的方法等于没完成任务，很难在考试时取得好成绩，带来的挫败感反而会降低孩子的学习兴趣，所以我们要从孩子的学习资料、学习方式上着手。

有些资料内容不多，但是却全面，而且体系性强，孩子可以快速掌握需要学的知识点，我们就应该帮孩子买这样的资料。至于学习方式，以前大多是看书。现在通过一些软件，可以听音频、看视频，闭上眼睛都可以学习。这为学习提供了更多的时间，从而降低了孩子学习的强度，可能提升孩子学习的动力。

禁区二：只要快乐而不要学习

当孩子因内驱力学习到了新的知识，他脑中的神经元会制造新的连接，但是要经过多次的重复才会变得牢固，而且传递信息的速度越来越快。例如，经常背诵的孩子，会发现背东西越来越快，从而更愿意背诵东西，而没有经过重复的神经元会萎缩或死亡。简言之，我们把握孩子学习内驱力的终极目标是，把他的责任心再上升到习惯，就可以让孩子自己掌控学习进度了。

当大脑拒绝工作的时候

当下，有一种学习理念叫“只要学不死，就要往死学”，听起来十分励志。可是站在脑科学角度来讲，这可能是毫无意义的努力。有不少学生在高强度的学习后，会出现学不进去的现象。有些家长认为是孩子的定力不够，其实不然。据科学研究，高年级的学生能集中注意力的时间为通常40～50分钟。此后，大脑因高速劳作，十分疲劳，就会拒绝工作。

还有一种学生，明明注意力还能再集中一些时间，但是他对学习的排斥心理，让大脑产生了一个信号：我要是再学，就学不进去了。于是大脑也开始拒绝工作。那么，我们面对这两种情况该怎么办呢？

一、休息

孩子在学校学习了一整天，晚上回家做一段时间作业，就会出现大脑死机的状态。于是他注意力涣散，学的东西全都记不住。这种情况下，我们就不要再逼孩子学习了，否则会适得其反。我们要做的就是，让孩子放下笔，走到户外呼吸新鲜空气或眺望远方。大脑因为紧张的学习，会消耗很多的热量，给孩子带来缺氧的感觉，所以先要让大脑获得充足的氧气，这样的大脑才会得到放松。

此外，孩子长时间看书会造成眼压加大，这会给大脑传递一个信号，看书是很痛苦的一件事，也会影响大脑的工作状态。如果我们让孩子的大脑休息十分钟，他再重新学习，取得的效果要远远好于疲劳作业。

二、交流

孩子在高强度的学习后，大脑会非常疲惫。若是临近考试，还要应对焦虑的干扰。可是，孩子回家也不能马上休息，而是要先完成作业。在这样的情况下，缓解大脑疲劳的最好办法就是与朋友交流。但是交流时应该避开跟学习有关的话题。例如，说一些兴趣爱好，开一些玩笑。孩子在大笑以后，精神就会得到放松，身体也会得到恢复，回到课堂就能更好地学习了。

三、运动

孩子在课间休息的时候，可以做一些强度不大的运动。例如，围着操场慢跑、做十几个引体向上、做一组拉伸动作，等等。孩子运动的时候，精神也会得到很好的放松。运动后，洗把脸提提神，再回到教室，会感到精神状态十分饱满。在这种状态下学习效率最高。

四、听音乐

疫情时期，许多孩子都有宅在家里学习的经历。有时候，听了很多的线上课，又做了很多试题，感觉整个大脑都麻木了，不能再学了，这个时候就没有必要再坚持了。可以打开电脑或手机，给自己放几首歌曲听。音乐具有减压的作用，可以调节脑疲劳。但是不要因为听音乐而影响了学习，听15分钟就够了。

五、进入心流状态

所谓“心流状态”就是做事不受外界干扰的状态。它可以让孩子的学习效率提高数倍。孩子在这样的状态下，学习任务会变得很轻松，大脑则不容易拒绝工作。此外，当孩子全神贯注学习的时候，焦虑、干扰没有可乘之机，大脑的能量不会有额外的消耗，也有利于长久的学习。那么我们该如何做才能让孩子进入到心流状态呢？

1.消除分心的事物。我们带孩子去图书馆学习，发现孩子比在家里专注许多。究其原因，就是因为图书馆里没有让他分心的事物。因此，我们也应该给孩子提供一个不受干扰的学习空间。例如，独立的房间、稳定的灯光、适合的桌椅，等等。

2.预习。我们可以让孩子在上课前对即将学习的内容做一个全面的预习。一是能降低孩子学习的强度，二是听课的时候会根据自己的疑惑去听，这样学习的目标更明确，听课状态也就更专注。当老师讲解孩子疑惑的地方时，如果不够细致，导致孩子听不懂，我们应该鼓励孩子对老师进行提问。这样一来，孩子的学习一直处于主动状态，就很难被其他事情分散注意力了。

3.提升作业的难度。以上章节讲过多巴胺喜欢挑战。所以我们根据孩子所学的内容，给他安排稍难一些的问题去做，以免让孩子觉得无聊，从而不愿意去做作业。

4.交流。孩子的学习需要老师的反馈，这些反馈能让他明白自己的理解是否正确、掌握得是否到位。当孩子理解得到了老师的认可以后，他会觉得自己的努力有回报，这能极大地促使孩子认真听课。

5.给孩子充足的时间。有时候，孩子无法进入心流状态，是因为时间太仓促，他觉得无论如何认真都无法完成任务，于是慌乱，想要放弃。但是我们多给他一些时间，效果则不一样。例如，以前写作文给1个小时的时间。现在则可以多给半个小时，但是要求质量过关。这样孩子才能全神贯注地投入学习。

可见，孩子的大脑拒绝工作，与主观因素和客观因素都有一定的联系。因此，我们应该利用好这种联系，让孩子的大脑劳逸结合，从而良好地运转。

“一个大目标”和“数个小目标”

人们常说“欲速则不达”，那是因为远大的目标是不可能一蹴而就的，所以有人建议，把一个大目标拆分成数个小目标，分阶段完成。孩子的学习也是如此，我们可以根据孩子的最终目的，去制订分阶段的学习计划，然后逐一完成。

下面，我们来看目标分解的原则、方法，以及如何调整。

一、原则

1.合情合理。合情合理就是既要符合孩子的实际情况，又要符合孩子学习的环境和学习规律。不同的孩子在优势和短板上也不相同，所以不能照搬照抄其他孩子的学习经验。另外，孩子学习的环境对他实现目标来说非常重要，家长帮孩子制定目标时要考虑到这些因素。

学习规律是孩子学习必须去掌握的。例如，学习油画的基础是素描。等孩子能把物体的结构画好以后，才能开始学习色彩。这样的学习规律很好解释。如果孩子没有造型能力，色彩则无处依附。当孩子知道这样的学习规律后，才能将大目标分解成很具体的小目标。

2.目标要具体、明确。目标越是明确、具体，指向性越强，就会越有利于调动孩子学习的积极性和潜能。而且，明确具体的计划，会让孩子觉得更容易达成目标。教孩子写作的时候，先描写静物，后描写景物，再上升到人物。因为三者在难度上是递进的关系，在应用上是需要结合的关系。孩子只有逐一掌握，并学会综合运用，才能实现写作这个终极目标。

3.目标要定时、定量。我们给孩子制定目标后，必须让孩子严格遵守时间期限，这样才能确保按期完成目标。至于定量，是指所有具体目标都应该是可测的，能量化的，这样既有利于实施，也能检查出学习效果。例如，让孩子在50天内记住必背词汇、一学期内语文从80分提升到100

分，等等。然后再根据知识点的难度去规定完成时间。如果要求都一样，孩子面对简单的任务时会懒散，难度大的任务时会慌乱，都无法很好地实现目标。

二、方法

1.倒计时法。这种方法，顾名思义，就是根据设定的总目标，一步一步倒推着制定计划，并规定出相应的时间段。我们给孩子制定目标时，也应该在不同的时间段给孩子安排相应的任务，孩子才不会因无序，无法实现总目标。

2.剥洋葱法。剥洋葱法就是把目标像剥洋葱一样进行分解。先把一个大目标变成若干个小目标，然后再把这些小目标进一步分解，直到分解到再也无须细化为止。实施的过程由将来到现在，目标由大到小，难度由高级到低级，层层分解。

制定时的禁忌就是不要把总目标设置得太多，最好是一个。因为此法很细致，目标太多，在时间上难免产生一些冲突。例如，把初中的学习任务分解成三个阶段性的大目标，以学年为单位，然后再分解为月目标、周目标、日目标，然后开始实施。

3.树形图法。树形图法就是把大目标用树干来表示，每个分阶段目标用分支来表示，叶子代表具体的任务。例如，孩子要学习很多科目，用树形图法，可以很好地表明孩子该如何利用时间、如何分配任务。

三、调整

孩子的学习能力、学习时间、学习内容等方面一直都在改变，因此我们给孩子制订完计划后，还需要根据实际情况作出相应的调整，否则孩子很难实现最终的大目标。下面，我们就来看看，我们需要为孩子调整哪些方面。

1.时间。时间是实现目标的重要保障，因此，当家长发现孩子在以下几个方面与时间安排有冲突，一定要及时地调整。这些方面包括：学习的任务和学习的环境有变；高估了孩子的学习能力；原先的时间安排有不合理的地方；孩子不了解自己的最佳学习时间。

在这几个方面中，家长最难以掌握的就是孩子的最佳学习时间，有些孩子在晚上记忆力比早晨好，因为学完以后就睡觉，没有其他事情的干扰。因此，我们就应该让他在晚上多学习，而不是非得让孩子闻鸡起舞。

2.任务。有些孩子计划失败的主要原因就是任务太重。这主要来自两个方面。一是家长给安排的学习任务重，二是拥有的参考资料过多，知识体系还存在差异，这让孩子不知道应该看哪本背哪本，导致孩子过度劳累，成绩却提高缓慢。因此，家长应该给孩子降低任务量，并帮他选择一本适合的参考书。

3.科目数量。有些孩子按照考试的时间，紧密地安排学习顺序。例如，先学习3个小时数学，再学习3个小时语文。就大脑的特性来讲，思考的消耗要大于记忆，因此把它们紧密地放在一起，学习效果并不好。此外，孩子能够用3个小时做完的题，老师绝对不可能用3个小时讲完。因为孩子想做对一道题，不仅需要很多相关的知识，还要会解题方法，孩子只有对这些都了解，下次遇到类似的问题时才能准确地解答。

因此，孩子复习的一门知识的时间，应该远远超过考试的时间。所以，以前的学习顺序为每天学4门课，可以改成两门或三门，以防止知识点掌握不全面造成的考试失分。

4.目标。每位家长给孩子制定完目标以后，都希望孩子坚定不移地走下去。可是在许多现实情况下，可以为孩子更改目标。例如，孩子的成绩无论如何努力，也进不了目标院校。这种情况下，我们不如降低一些要求。让孩子有战胜的信心，他才能保持学习的动力。

当我们给孩子制定出大目标，并分解成若干个小目标以后，孩子的大目标就会融合到每天的行动中去，而且每日一个小目标的实现，孩子能够感受到自己的进步，这会转化为孩子继续努力的动力，鼓励他实现大目标。

进阶运动，快速提升大脑活力

当我们绞尽脑汁地与别人下一盘棋以后，会自嘲说："死了老多脑细胞了。"随之而来的表现是反应迟钝、记忆力降低。孩子长时间学习，或者学习的强度很大，也会有我们下完棋一样的状态。究其原因，就是孩子大脑的活力降低了。

我们为了保证孩子的学习效率，就一定要想办法去提升孩子大脑的活力。经医学研究发现，很多营养物质对改善大脑的活力具有明显的效果。此外，一些训练大脑敏捷性的方法，也可以帮助孩子提升大脑的活力。

下面，我们就从营养和训练方法两方面来看，如何提升孩子大脑的活力。

一、营养

1.葡萄糖。大脑是由许多神经细胞组成的，大约重1400克。虽然只占人体比重的很小一部分，却要消耗人体大部分的热量。而葡萄糖作为人体内应用最广泛的燃料，在脑细胞中含量的多少，会直接影响大脑的表现。脑细胞中含有的葡萄糖过多或过少都会对脑细胞造成伤害，甚至会导致脑细胞死亡。

那么，我们该如何供应葡萄糖，才能保证大脑的活力呢？据观察，大脑的葡萄糖含量和身体其他部位的葡萄糖含量具有一致性，它们都通过一个反馈系统来维持人体内血糖的稳定性。要是你身体的葡萄糖含量稳定，大脑的葡萄糖含量也会保持稳定。反之，葡萄糖含量上升或下降，都会给大脑和身体带来一定的伤害。

但是人体的葡萄糖含量并非一成不变。它在一个范围内变动，都是正常的，就像血压，但是超出这个范围，就需要赶紧调整到正常的范围内。众所周知，吃糖类食品会导致葡萄糖含量升高，因此，我们可以让孩子吃粗粮、蔬菜，以防摄入太多的糖。

2.氧气。我国著名射击运动员王义夫在重要比赛中要靠吸氧来保持大脑的清醒。原因是，大脑要消耗血液总供氧量的20%。因此，我们给孩子制定的食谱要遵循清淡的原则，可避免血管的坚硬和堵塞，从而降低大脑的供血量和供氧量。但是清淡并不代表多吃蔬菜，而是让孩子多吃高抗氧化物和高质量脂肪的食物。如，新鲜蔬菜、深海鱼、水果、坚果、橄榄油等，它们不仅能预防血管堵塞，还能给大脑提供充足的营养，以保证大脑的活力。

二、训练方法

1.稳定情绪。我之所以把稳定情绪放在第一位，是因为，首先，孩子因为压力过大或受到惊吓，大脑对氧气的需求会加大，一旦脑供血不足，就会出现眩晕的症状。其次，经医学研究发现，一个人如果压力过大或受到惊吓，大脑会分泌皮质醇，这种物质会对大脑的活力造成极大的伤害，它会杀死大脑海马状突起中的细胞，而海马状突起在形成、组织和储存新记忆方面起着关键的作用，也就是说，这会导致孩子在学习中记忆力下降。

正是由于海绵体对新记忆的形成有举足轻重的作用，所以这部分的损伤会对记忆产生严重的影响。例如，左海马状突起受损会严重影响对语言信息的回忆，右海马状突起受损会严重影响对视觉信息的回忆。而视听正是孩子获取知识的主要方式，受损必然会对学习造成很大的不良影响。

综上所述，我把稳定情绪列为首要的训练方法。当孩子因学习问题紧张时，我们可以带他呼吸新鲜空气、教他正向冥想、通过呼喊发泄情绪，等等。孩子情绪稳定，是大脑活力提升的前提条件。

2.提升记忆力：著名心理学家艾宾浩斯发现了大脑对新鲜事物的遗忘规律。我们要是想让孩子长久地记住某些知识点，可让孩子根据遗忘曲线去复习。市面上有一些英语词汇书，就是按照遗忘曲线设计的，我们可以买来参考，减轻记忆给孩子大脑造成的负担，以提升大脑的活力。

此外，我们还可以教孩子一些实用的记忆技巧。如，图像记忆法、联想记忆法，等等。

3.快速阅读。阅读可提升孩子的记忆力、想象力、注意力、理解力，这些都是能提高大脑活力的要素。要是我们再教孩子一种快速阅读的方法，则更能为他们的大脑注入新的活力。

每个家长都希望孩子有一个活力满满的大脑，所以我们就要从营养和训练方法上全方位地去提升大脑的活力，大脑才能高效运转，从而掌握更多的知识。

刻意练习，一项抑制“惰性脑”的极速训练

大脑之所以懒惰，是因为它选择了趋利避害。学习要专注、上进、刻苦，这些对大脑来说都是痛苦的经历。如果我们想摆脱的大脑对孩子的控制，就要对孩子进行一些刻意练习，才能战胜大脑的本性。

一、刻意练习的特点

刻意练习在学习领域，是一种先进的学习方法，与其他学习方法相比较，具有以下几个特点。

第一，学习目标是特定的。例如，有些教辅书里面会有专项训练的模块，这就是刻意训练的目标。我们可以针对这些目标给孩子制订学习计划，并让孩子把计划落实到每日的练习中去，最后通过不断地积累以实现要达到的目标。

第二，刻意练习，需要长久专注的付出。我们想要弥补孩子的短板，或者让孩子有一个专长，就应该教会孩子

长久专注地付出，因为在学习上没有一蹴而就的事情。

第三，有效的反馈。有效的反馈在刻意练习中十分重要。例如，孩子学习写作，要是有专业的老师给出正确的反馈，孩子的写作水平必然会得到快速提高。

第四，走出舒适区。这是刻意练习中最为重要的一个环节，让孩子不断地尝试超出自己能力范围的事情，学习的高度才会有质的飞跃。否则只是毫无长进的重复，大脑会丧失对学习的兴趣。

二、刻意练习方法和禁忌

我们了解刻意练习的特点后，还需掌握一些方法，才能让孩子在学习上快速突破。现在，我们来看一些高效而实用的方法以及禁忌。

模仿。以写作为例，如果你的孩子写作能力不强，你可以给他找名著仿写，或者让他学习优秀作文老师的写作方法，并进行演练。孩子在模仿的最初阶段，分辨好坏和自身适应性的能力不强，这个时候就需要我们精心挑选，给他找一个合适的老师。例如，同样都是描写人物。朱自清和契诃夫的手法完全不一样，有的孩子喜欢契诃夫的描写方式，如果让他学朱自清的描写方法，他反而难以驾驭，对写作的提高意义不大。

有些家长会问，如果孩子没有老师的指导，该如何通过模仿进步呢？我们可以让孩子采用著名政治家富兰克林发明的3F学习法。即，专注、反馈、纠正。富兰克林为了提高写作水平，曾专注地看一本叫《观察家》的杂志，然后仿写里面的文章，并与里面的文章对照，找出不足，再进行修改，从而快速提高了写作能力。

借力。孩子们刻意练习的时候，我们最好给他找一个优秀的教师。优秀的教师在孩子的学习内容、目标选择、问题反馈上都会给予有效的指导，并且会随着孩子年龄的增长、水平的提高，逐步增加练习题的难度，使孩子稳步提高。

努力。有些孩子在向他人学习的时候，最关注的是他人使用的技巧、方法、工具，而忽视他们背后付出的努力，并自叹自己没有此一方面的天赋。曾看过一段话，“你的努力程度，还不到谈天赋的程度”。也就是说，天赋是通过努力才展现出来的。著名书法家智永有“退笔成冢”的典故。他苦学王羲之笔法，写废的笔装了十大筐，太占地方了，就挖了个深坑埋了起来。

可见，任何成功的人都离不开努力。只有把基础打好，技巧才有用武之地，否则再优秀的技法也不能为自己所用。

规划。我国著名钢琴家郎朗，7岁时练琴的时间表如下：早上练琴一个小时；中午练琴45分钟；晚上练琴4个小时。如此一来，郎朗每天练琴的时间就接近6个小时。但是又没有与学习冲突。如此一来，自然会比他人学到更多的技巧，琴技更加精湛。

进化。我们帮孩子找到解决问题的方法后，孩子若是反复练习，而不去进化，解决方法必然是单一的。若是模仿别人，高度最高也就是与别人持平，而不会有更大的收获。因此，我们应该让孩子学会进化，以挑战更高的难度。著名舞蹈家杨丽萍的孔雀舞在继承民族舞的基础上，又加入了现代舞的技巧，所以有更强的舞台张力，受众人群也更广。

三、帮孩子提高自身能力

刻意练习虽然对克服“惰性脑”有诸多帮助，但是我们在训练孩子的时候，有以下注意事项。

1.标准固定。刻意练习应该用在得分标准很明确的领域，如数学、英语、棋类。否则漫无目的地刻意练习，不仅会造成脑力或体力的损耗，还可能适得其反。

2.符合需求。如果我们让孩子采取刻意练习，就应该符合孩子的需求，否则挑战极限是一件十分不愉快的事情。不仅增加孩子的挫败感，还可能导致孩子放弃练习。

美国篮球明星科比和詹姆斯都向奥拉朱旺学习过进攻的步伐。科比全部掌握后，在膝部有严重伤病的情况下，依旧可以靠脚步去得分。詹姆斯学了一段时间，觉得太难，对自己并不适用，不如练习投篮和传球，于是放弃了。他们两人在篮坛都有着极强的统治力。

美国篮球运动员的成长几乎都有一个模板。詹姆斯的模板是传球大师约翰逊，所以他刻意去练习进攻脚步，但这并不符合他的风格特点，不如练适合自己的东西。科比是因为膝部有伤才苦练脚步，以弥补运动能力下滑的不足。两个人的情况不一样，所以不能刻意练习不适合自己的东西。

3.符合要求。有些家长让孩子刻意练习的东西，是他自以为正确的，但是却不一定符合要求。例如，曾有一幅漫画，说一些家长对艺术的要求。唱歌，要求声音够高；绘画，要画得像；跑步，要快。其实这些都只是这些学科要求中的一部分，如果家长把它当成孩子训练的全部，孩子很可能会失败。

我们给孩子安排刻意训练的东西，应该是真正符合要求的。此外，如果我们给的要求不是重点，我们在让孩子练习的时候，一定要先排好顺序，以免因核心问题前功尽弃。

孩子进行刻意练习后，其自身的能力、解题的技巧上都会有极大提升。这种提升是孩子告别“惰性脑”的重要保障。因此，我们在给孩子安排刻意的训练时，一定要保证训练方式的正确。这样才能使孩子的学习得到质的飞跃。

Learning brain

activate children's brain potential

07 转变思维，培养有价值的新习惯

想让孩子成长，要先打破惯性思维

有人说，人生是一场习惯的征战。的确如此，据科学研究发现，我们每天的行为只有5%是非习惯性的，其余都是习惯性的。习惯可以让我们减少思考的时间、简化行动的步骤，让我们的学习、工作更有效率。但是同时，习惯也让我们封闭、保守、自以为是、墨守成规。习惯是一柄双刃剑，习惯的好坏决定着一个孩子的未来。

那么，我们该如何帮孩子养成一个好习惯呢？我们来看一个公式：好的习惯=好的思维+对的行动。坏的习惯则与之相反。因为思维决定行为，所以我们先来看如何改造孩子以往不好的思维方式。

心理学上，把一个人在一定的环境中学习、工作、生活，久而久之形成的思维模式叫惯性思维，也称固定思维。

顾名思义，就是用固定的角度去思考、观察事物，以及用固定的方式去接受事物。

具体表现为以下几种模式：遇到事情先否定。例如，认为没办法、不可能、推卸责任，具体表现为：说自己不知道、不了解，或者把责任推倒别人身上；划定范围，有些事不归我管；抱怨，任何不好的事都是由别人造成的。常见的否定思维还有不自信，十分在意别人的看法，而不去尝试一下，甚至退缩；怕犯错，不敢做事；妄想，认为不付出也能有收获。

其实，大量的事实证明，人的能力是可以通过努力去改变的。此外，客观因素也不是一成不变的，许多事情都会有转机。因此有人倡导用成长型思维去看待事情，就是承认孩子在先天条件、知识构成、性格方面上确有不同，但是这些都可以通过努力或经历去改变。

成长型思维和固定型思维，是两种不同的思维方式。这两种不同的思维方式让孩子在面对同一问题时，有了截然不同的表现。一个机会出现在孩子眼前，成长型思维的孩子会想，我必须去好好把握，并寻找成功的办法；固定型思维的孩子会想，那不可能是我的机会，不必争取。据科学研究发现，两种不同的思维方式产生的脑波不同，所做的事情也不一样。成长型思维脑波对应的区域在分析可行性的办法，而固定型思维脑波所对应的区域在判断对错。此外，两者对待失败的看法也不同。成长型思维会把失败当成一次尝试，而固定型思维的人会自责自己没有自知之明。

固定型思维会限制一个人的成长，成长型思维则会帮助孩子发展能力、取得成绩。下面，我们再来看成长型思维对孩子的影响。

小睿经常不做作业和逃学，父母也慢慢不管他的学习了。小睿也认为自己是个不可能变好的孩子了。有一天上课，老师让他回答问题。小睿粗暴地拒绝了。他以为老师会像父母一样，把自己看成一个顽劣的孩子，放任不管。可是老师没有，而是耐心地启发他答题，并表扬他。慢慢地，小睿会在课堂上主动回答问题了，而且喜欢学习了，成绩有了大幅度的提高。

像小睿一样转变的孩子有很多。因此，我们不能用孩子以往的表现，就去给孩子定型。更不应该向孩子灌输自己的惯性思维，按自己的想法去培养孩子，而不考虑孩子的特长与天赋，最后让孩子继承了自己的惯性思维，浪费了孩子的天赋，还无法取得进步。

如果我们想改变孩子的思维定式，可以采用以下办法。

1.正确的夸奖。所谓正确的夸奖，不是在孩子取得一定成绩后，就夸他聪明。这会让孩子觉得自己天赋好，学习不再努力。相反，我们要夸奖孩子努力学习的态度，他认为这样做是正确的，就会继续努力。此外，我们对孩子所做的事情，不要笼统地说“很棒”，而是说出他哪一点做得好，还有哪些方面需要提高，这样孩子才有前进的方向。例如，孩子写作文。你可以夸奖他语言组织得好，但是让他提高立意。这才能帮孩子解决写作上的问题。

2.正确面对孩子的失败。当孩子失败时，有些家长表现得十分焦虑，对孩子一再指责；还有些家长心疼孩子，告诉孩子这不算什么。这都是不可取的。前者，孩子会觉得自己一无是处，后者会对失败满不在乎。父母应该帮孩子分析失败的原因，并指出提高的办法。例如，有些孩子的失败是因为粗心，而不是不会。对于这种情况，家长应该告诉孩子，下次考试要谨慎认真就可以了。家长与孩子好好沟通，孩子就不会产生逆反心理，从而厌恶学习。

3.提升孩子对知识的理解。有些家长让孩子死记硬背知识点。这在当前考试出题方式的改变下也属于惯性思维的体现。现在中小学考试的题型，越来越注重对孩子思维能力以及创新能力的考查，光会背知识点已经不能让孩子在考试中取得高分了。比如，有的学校初中二年级期末考试的语文题只有阅读理解和作文。孩子如果依靠死记硬背是不可能得高分的。因此，我们要提升孩子对知识的理解。这样孩子才能更好地利用知识。

4.换位思考。同样的事情，我们站在别人的立场上、换个角度去思考，就会产生不同的看法。

我们改变了孩子的思维方式，孩子的学习心态、学习方法就会随之改变，最后养成良好的学习习惯，让孩子的学习省力而高效。

从一个“行动”到一个“习惯”

一项关于行为科学的实验表明，一个行动经过21天的重复就会成为习惯。要是经过90天的重复，就会形成稳定的习惯。但是坚持的过程却是困难的，尤其是对于那些还没有把学习当成一种信念的孩子来说更难。因此我们要采取一些办法，帮孩子完成从行动到习惯的过渡。下面我们就来看看，具体应该怎么做。

定一个可行性的目标

以上章节已经说过，我们想让孩子不放弃学习，就应该让孩子对学习有胜任感。因此，制定的目标必须要有可行性。

我上大学的时候，给自己定了一个每天用一小时跑完10公里的目标。第一次跑的时候，超出5分钟才完成。可这样的成绩给了我巨大的鼓舞，毕竟它十分接近我的目标。

第二天，我特意去买了一双慢跑鞋，用一个小时就跑完了10公里。第三天，我按照健身教练的要求，落脚时提气，抬脚时呼吸的方法去跑。因为不适应这种跑的方式，比预定目标超出了7分钟。但是这样的跑法，不像以前每次跑完都气喘吁吁，而且脚踝疼痛了。于是我坚持了三天，又能用一个小时跑完10公里了。一周后，我的肌肉已经对动作产生了记忆，在惯性的支配下，很轻松就能完成目标，于是我坚持跑了一个学期。

可见，一个可行性的目标会带动我们采取行动，并为了实现目标去寻找方法。在案例中，每天用一小时跑完10公里的合理目标，让我采取了行动，进而我会为了更好地实现目标而买慢跑鞋、学习新的呼吸方法。孩子的学习也是一样，要由目标带动行动，再由行动带动方法，最后才能实现目标。否则，目标提高，大脑产生了畏惧，就很难产生行动的冲动。

让行动便捷化

所谓行动便捷化，就是让行动变得调动一点点意志力就能完成，而不是总要克服困难。例如，有些家长为了给孩子提供便捷的学习环境，购买学区房，让孩子能就读于硬件设施完备、师资力量也很好的好学校。孩子想看书，很快就能在学校里找到自习室，所以他每天都去，慢慢就养成了学习的习惯。可是因为疫情，学校封闭。孩子只能去预约图书馆的自习室看书，有时候因为预约晚了，就没有座位。久而久之，因为学习一次太困难了，就放弃了。这不利于孩子养成习惯。

为此，我们可以把孩子学习所用的资料和工具，放在他很容易就能拿到的地方，并且给孩子在家里布置一个适合学习的书房或书桌，孩子因为行动便捷化，会坚持看书，慢慢就养成了学习的习惯。

让结果可视化

我们会用软件记录走了多少步，这就是让结果可视化。要是记录显示，我们战胜了全国98%的人，则会更喜欢走路。当然，孩子的学习并不如此直观，但是我们可以把它变得具象一点。例如，孩子的作业完成得很好，就在他的学习计划表上，给他标注一个小红花。当孩子集齐五朵，则给他物质奖励。如此一来，孩子知道了好好学习的价值，必然会增强学习的行动力。

借助习惯堆叠的力量

孩子在一些科目上缺少行动力，我们可以给他提供一些辅助的力量，并把这种力量也转化为孩子的习惯。例如，把孩子的学习内容变成有声书，或者以音乐的方式来呈现。孩子背诵《竹枝词》有困难，可以在网上找到儿歌版的《竹枝词》。孩子因为喜欢音乐，就能把背诗歌当成一种习惯。此外，还有《经典咏流传》一样的电视节目，更能让孩子一边听音乐一边完成学习任务。我们可以想办法让孩子的学习变得多元化，这不仅会让孩子喜欢上学习，也会收获更多的知识。

借助环境的力量

环境的力量包括两个方面，一是学习的空间环境；二是身边的人。尤其是身边的人，对孩子的学习有极大的促动性。因为当孩子一个人看书的时候，难免会有孤独感，从而想要放弃。但是身边如果有学习态度十分端正的同伴陪伴，他不仅不会有孤独感，还会在同伴的带动下主动学习。此外，有了问题，还能得到同伴的及时反馈，从而降低了行动的难度。好的学习环境和学习同伴，都有利于孩子坚持学习，从而转化为学习习惯。

先把学习任务做完

孩子每天除了学习任务，还会阅读课外书、进行户外运动等。我们应该督促孩子先把学习任务完成，而不是先完成其他事情。就孩子的学习时间来看，他要是先完成了其他事情，就很可能要熬夜去学习，这会增加孩子学习的难度，不利于孩子坚持。此外，孩子在玩的时候，心里总会惦记学习这件事，从而对学习没有愉悦感，玩得也不投入。但是，先学习后玩，状态会放松，反而有利于调动学习的热情。因此，我们要把孩子的学习放在首位。

从行动到习惯并不是一个能短期见效的事情。因此，我们要结合大脑的学习规律、孩子的作息时间，去给孩子制订计划、选择适合的训练方法。这样，孩子才能乐于坚持，并自我总结先进的学习方法，让自己提高。

用WIN法则，打造有价值的新习惯

你的孩子有没有出现过以下情况：晚上信誓旦旦地跟你说明天要早起，结果第二天却还是赖床；暑假作业非要拖到开学的前几天才开始做；明明知道眼下的知识如果不掌握，会影响以后的学习，可就是不愿意去学。

一个叫吉姆·奎克的美国青年也有这样的问题。而且问题远比你的孩子严重。因为他年幼的时候头部受过重创，这导致他记一个知识点要反复背诵几十次，但是他依旧考入了大学。在大学里，同学们都当他是笨蛋，疏远他。他把自己关在图书馆，大量地阅读脑科学、心理学、教育学等方面的书籍，希望从中找出一个能解决自己的问题的方法。最后他总结出一套让自己出色完成学业的方法。更令他惊喜的是，他把这套方法推荐给同学，同学的成绩也快速提高了。后来，吉姆请教了一位世界知名的脑科学家，这些科学家对他的这套方法也称赞有加，并把该方法命名为WIN（胜利）法则，还帮他做了推广。据统计每年有20万人通过他的方法开发了大脑的潜能，让自己的学习突飞猛进。

在这个法则中，W是Want（想要）的意思，即，确定你想要养成的习惯。例如，让孩子养成每天在上学路上背诵单词的习惯。I是Innate（内在）的意思，即，了解自己擅长的事情或是有把握做好的事情，充分了解自己后，成功是很容易的事情。N代表Now（现在），即，为自己创建一个可以鼓励你马上就去养成新习惯的计划。

有些家长说，我很难确定该给孩子养成什么样的习惯。例如，让孩子在上学路上看书，车内的光线并不适合看书，孩子坚持几天就放弃了。还有些家长说，孩子都是短板，不知道哪一科是他能学好的。其实这些问题，都可以通过WIN法则的具体步骤去解决。

下面让我们一起来看，WIN法则的步骤。

第一步：做小而简单的事情。例如，孩子学习写字。你若是让他养成每天学会20个生字的习惯，这对孩子来说太难了，他很难坚持下来。我们就不必强求孩子学习那么多字了，而是让他每天只记住四个生字。只是四个生字，孩子最多用半个小时的时间就记住了。要是你还能给孩子讲解造字法，孩子记忆起来会更容易。他很轻松就能养成学习生字的习惯。

此外，我们还可以根据学习之间的连带关系，去帮孩子建立小而简单的习惯。例如，孩子学习绘画。我们先不必要求他画到什么程度，而是要求他把铅笔削好，把需要的颜料放入颜料盒。这些事情如果都做不好，必然会影响到画画。这些小而简单的习惯，不仅仅是习惯，也是学习的一种方法，孩子行动起来几乎不需要消耗意志力，所以更容易坚持。

第二步：小步快跑。吉姆将这个步骤称为“迈着婴儿步前进”。我们来回忆一下婴儿行走的方法。他们几乎都是在小步快跑。为什么这样前进呢？主要原因是，他们腿比较短，而且走路的动作还没有成为下意识的动作。所以他们只能用较快的动作频率，来弥补技巧不熟练和重心不稳的问题。

孩子学习一门新课程的起始阶段，就像婴儿走路一样，在技巧层面极不成熟，但是我们对他采取小步快跑的训练方法，他也能很快看到效果。例如，我们让孩子写作文。要先让孩子记住生字，然后学习组词和造句，之后才能写作文。如果让孩子直接写作文，则相当于让婴儿把脚步加大，他必然会跌倒。所以，我们不要对孩子急于求成。

第三步：循序渐进。孩子无法养成一个习惯的主要原因就是，我们给孩子设定的目标和他当下的能力不匹配，于是孩子选择了放弃。如果我们采用循序渐进的方式，孩子则更容易养成习惯。

安鑫中考体育要加试测试引体向上。满分为16个，可安鑫最多才能做7个。爸爸教他借用腰腹力量的办法，对他的要求是，先挑战10个，然后12个，之后14个。当安鑫能够做到14个的时候爸爸又继续鼓励他，安鑫很快就能做到16个了。而且因为挑战成功，他还喜欢上了做引体向上，并把它当成了一种健身方式。

如果你的孩子学习成绩跟安鑫最初的体育水平一样，你让他达到满分，他很可能因巨大的压力而放弃。所以我们应该采用安鑫爸爸的做法，把最初目标就定在10个。如此一来，孩子的压力减小了，每天坚持锻炼，都是向10个这个目标靠拢。一旦他成功了，这种不断提升的过程也会成为他的一种习惯，指引他继续挑战。

这个案例给我们启发：当孩子和你的预期距离太大，我们应该下调对孩子的要求。因为学习知识和做引体向上一样，都是越往后提高得越慢。因为知识越来越难，引体向上越往后体力越差。当孩子再次挑战成功，可能已经力竭。我们则可以教给他一些技巧，辅助他达到更高的高度。当任务被逐步完成时，孩子就会发现，很多看似完不成的任务其实都能完成。以后，他也会采用这种方法去解决为题。

我们按照以上三步法去帮助孩子培养新习惯，孩子必然会欣然接受，而且能很好地执行，从而让自己受益一生。

任务拆分和复盘法

让孩子养成良好的学习习惯，需要日积月累的坚持。要是没有省力的办法做支撑，孩子很可能坚持不住。尤其是现在的孩子，学习任务多，升学压力大，有时手忙脚乱地学习到半夜，知识点还是没有掌握。可是有些孩子面对同样多的东西，就能有条不紊地处理，很快完成任务。

有些家长会把孩子学习效率低的原因归为：脑子笨或没天赋。这会让孩子觉得，自己无论如何努力也改变不了现状，最终放弃了学习任务。其实影响孩子学习效果的往往是学习习惯，而不是先天因素。下面，我们来看案例：

一天，几位给孩子报同一个兴趣班的家长聚在一起，讨论孩子完成作业的情况。帮孩子一起做计划的家长说："我家孩子现在能独立完成老师安排的作业，并巩固复习和预习新课。"没有陪孩子做计划的家长说："我是让孩子按老师规定的交作业日期，要求孩子哪个紧急就先做哪个，结果他总是手忙脚乱的，经常完不成作业，根本没有时间复习。”另一位家长说：“我经常陪孩子一起完成作业，但是我不陪伴他，他就无法完成作业。”

我们通过案例可以发现，有计划的孩子面对繁重的学习任务，也能从容应对，超额完成。没计划的孩子总是手忙脚乱，甚至无法完成任务。从这个例子中，我们也能看到学习习惯是多么重要，因此，我们有必要培养孩子良好的学习习惯。那么究竟该如何培养呢？

一周有7天，如果你给孩子安排的学习计划是，每天阅读半个小时课外书，可是假如孩子有一天突然头疼，或作业太多没有时间阅读，从而没坚持住，这时孩子可能会觉得这个计划太难坚持了，有放弃的念头。要是我们在计划中留出一些余地，比如让孩子每周坚持5天，有两天时间重读阅读过的文章，看看有哪些地方没有记牢，孩子就更容易坚持了，而且知识掌握得更加牢固。

但是任务拆分和复盘法，却不是简单的时间分配和回头看看。下面，我们通过案例来看该如何合理拆分任务。

小勇一周的作业有：3套英语试卷、5套数学题、语文作业4页、弹钢琴三个小时。拆分如下：英语作业3套，分6天完成，每天半套，每天半个小时；5套数学题，5天完成，每天一个小时；语文4天完成，一次一个小时；弹钢琴，分6天完成，每次半个小时。中间休息10分钟。

如此一来，孩子平均每天学习的时间还不到3个小时。若是按照四点半的放学时间来算，孩子学习起来完全不用熬夜，且有一天不用学习。

我们帮孩子拆分好学习时间，这还不算结束，还有些注意事项要解决。那就是根据大脑学习的特点去编排学习顺序。例如，做完逻辑严谨的数学题，下一个任务可安排弹钢琴。如此一来大脑则得到了放松。语文作业中的阅读理解部分，可以在睡前去做，因为做此类题不容易因枯燥昏昏欲睡。

但是孩子并非机器，就算计划制订得再科学合理，他依旧会有无法按时完成的时候。这个时候也无须责怪孩子，而是带着孩子复盘一下：当天完成了多少任务；有哪些收获；是什么原因导致没有完成任务，明天该怎么解决；有没有摸索出更好的解题方法，等等。

在复盘过程中，家长要起到引导的作用，而不是对孩子进行说教。孩子说出了自己的想法，这有利于我们去改进孩子的学习方法。

那么我们该如何把拆分和复盘法结合起来使用呢？最好的办法就是采用打卡的方式。把每天的任务罗列在计划表上，然后把完成的任务打勾。

在这一过程中，家长切忌大包大揽。孩子一开始制订计划的时候，很难做到完美，甚至会对学习造成极大的影响，其实这种现象就算我们成人也会经常出现，如贪多，在计划表上写了很多任务，结果看书时匆匆而过，很多知识点都没有记牢。家长面对这种情况会心急，但是也不要替孩子做计划。这样孩子失去了自主权，就会把学习当成父母安排给自己的任务，自己只要遵从就好了，进而失去了独立实施计划的能力。

其实，最了解孩子学习能力的是他自己，尤其在他经历了试错以后，更容易把计划中不合理的地方改好。如果我们剥夺了他们试错的权利，他们就会失去不断完善自己的好习惯。

此外，我们在孩子无法按时完成学习计划时，也不要急着责怪他。可以用询问的方式，让孩子给出失败的理由，以及解决的方案。例如，每天的任务难度不一样，孩子的计划表中就应该有一些弹性的时间用来提升能力，当孩子能力提升后，做题的速度就快了。

能帮助孩子养成良好学习习惯的方法还有很多。如，高效记忆、高效阅读、高效笔记法，等等。我们可以在孩子执行计划的时候，让他来应用，从而让好习惯发挥更大的作用，让孩子飞速成长。

培养好习惯，助力学习力

喜欢文学的人，大都应该听说过小说《包法利夫人》。它是法国现实主义文学大师福楼拜耗时四年零四个月，每天工作12小时完成的作品。他的草稿写了3600多页，最后定稿却不到500页。究其原因，是福楼拜对作品的高要求。他要求文字具有音乐的节奏，情节能让人有身临其境般的感受。因此，每行只写几个字，余下的地方用来反复修改。因此，作品一经推出，很快就震惊了法国文坛。那时的福楼拜才36岁。

福楼拜用自己的写作习惯严格要求徒弟莫泊桑。例如，让莫泊桑用最简短、最精准的语言去描写一家杂货店里老板和守门人之间在外貌和神态上的差别。莫泊桑正是在福楼拜的严格要求下，写出了小说《羊脂球》。小说一经发表，很快成为世界名著。

关于习惯对学习力的推动作用，世界著名心理学专家詹姆斯曾说过："种下一种习惯，收获一种性格；种下一种性格，收获一种命运。"福楼拜和莫泊桑的习惯就是对事物观察仔细致入微，描写力求精准，从而形成了他们严谨的性格，才收获了文学大师的美誉。

就学习而言，好习惯有很多；如上文提到的，做计划表、复盘。此外还有良好的读书习惯，如擅于提问和总结；良好的复习习惯，如将错题集结成册，专项突破，等等。但是，要怎样做才能帮孩子养成一个良好的学习习惯？这是让许多家长头疼不已的问题。

一项来自哈佛大学的研究表明，从脑科学的角度来看，一个人的行为能够形成习惯，主要是由基底神经节和前额皮层控制的，前者推动习惯的养成，后者阻碍习惯的养成。通常情况下，基底神经节的能量要强于前额皮层。有人看到这里会说："孩子养成一个习惯应该很简单，为什么却如此难?”

是的，习惯是很容易养成的，但是习惯有好坏之分，而且往往是坏习惯占优势。因为基底神经节和大脑的属性一样懒惰，还非常容易被迷惑，它可没有能力区分习惯的好与坏。我们只要让孩子多次重复一个动作，就会形成一种习惯。此外，基底神经层还不喜欢变化，尤其是巨大的变化。习惯一旦形成，极难改变。这就是我们很难改变孩子学习时分神、拖延这些坏毛病的原因。

可见，我们想要让孩子养成良好的学习习惯，首先要做的就是改正孩子不良的学习习惯。例如，孩子总是先玩游戏，后做作业，结果做作业时还想着游戏里的事情，导致不能专心写作业，花费了很长的时间还容易出错。要是我们能戒掉孩子先玩游戏后学习的毛病，孩子就能专心致志地学习了。

前额皮层比基底神经元聪明，它懂得取舍和调整，但是因为它与基底神经元行为的复杂程度和重复次数不同，前额皮层做分析判断所需要的能量也不同。要是前额皮层的能量不足以战胜重复性行为给基底神经元造成的影响时，习惯就很难改变。习惯会在孩子的大脑中建立相对稳定的神经通路，这样大脑的能量消耗就会比初始时小很多。而且习惯养成的时间越久，对应的神经通路越难以打破。

此外，大脑中每时每刻都上演着复杂的神经活动，所有信息都在神经元内传导，神经活动越剧烈，需要消耗的能量就越多。

其实，很多技能的修炼也和大脑有类似的地方。例如，第一次打篮球，要用很大的力气才能把篮球投进篮筐，而且还得集中精力。不过时间久了，可以借助腿部的力量很轻松把球投进篮筐。而且不用全神贯注，依靠手感就可以投得很精准。

行为变得简单，不会消耗大脑太多的热量，所以更容易形成固定的神经通路。例如，孩子在睡觉前刷抖音，里面的许多内容看起来根本不用动脑，还能让他们捧腹大笑。用不了多久，孩子睡前刷抖音以及不动脑的习惯就会形成。

但是行为要是很复杂，想要成为孩子的习惯则很难。就以线上学习来说吧。有些家长给孩子的手机里安装了学习软件，可是使用的频率并不多。因为大脑既厌烦复杂的事情，又怕重复的枯燥。有些孩子痛下决心打开学习软件，结果过一会儿就觉得极端无聊，然后又开始看微信。

事实上，孩子糟糕的学习习惯，都是受到了许多坏习惯合力作用的结果，而一个好的学习习惯就能让孩子的学习效率得到极大改善。

我曾看过一个视频，名字叫《清华大学的图书馆》。晚上10点多，图书馆内依旧有很多在学习的学生。他们已经完成了该学的课程，还在自学更多的知识，而且要用多长时间来掌握，都有明确的规划。

清华大学的孩子学业繁重，依旧能找到学习其他知识的时间。我们的孩子做不到，并不是时间不充裕，而是坏习惯占据了太多的时间。为此，我们想让孩子养成好习惯，要先改掉坏习惯，然后再用容易养成的好习惯来代替。

清除坏习惯，也可以应用WIN法则。办法就是把孩子诸多的坏习惯罗列起来，然后让孩子选一个最有自信能快速改掉的去改正。当孩子不仅清除了一个坏习惯，并获得了一个好习惯的时候，他会带着这种成就感去做出更多的改变。此时，我们依旧要遵循循序渐进的原则，切记好习惯是通过坚持得来的。就像古人说的那样："泰山不让土壤，故能成其大。"有些学习上的难题，孩子只要朝着正确的方向前进，一点一点积累，就一定会取得质的飞跃。

培养孩子的好习惯要趁早

有些家长认为好习惯来自后天的培养，因此一定要到孩子懂事了培养才有效。可是却把懂事的时间定在了青春期以后。这和以上章节中说的大脑的特点是相违背的。3～15岁时，大脑中的神经元会自动修剪，有用的被强化，无用的被淘汰或修剪。我们若是在孩子15岁以后才开始培养习惯，他的神经元网络已定型，培养起来就十分困难，可能会影响孩子的一生。所以，好习惯要从小培养。

那么，我们该如何培养孩子的习惯呢？可以从以下方面入手：

1.用积极的心态和孩子沟通。父母的心态会对孩子心态造成很大的影响，尤其是年幼的孩子，他们没有分辨对错的能力，又喜欢模仿。要是家长总是对孩子的学习表现出悲观失望的情绪，就会影响孩子的学习。

因此，我们在与孩子沟通的时候，要采用积极的态度，让孩子充满自信。例如，当孩子失败后，不指责批评，而是肯定孩子已经获得的成绩，或者通过沟通，帮孩子找到更适合他发挥天赋的科目。

我们面对孩子的失败，就应该去鼓励，或者积极地帮孩子找解决问题的方法。才能让孩子喜欢上学习。

2.让孩子爱上阅读。让孩子多读书，能帮助他提高写作能力、扩大知识面、扩宽视野、陶冶情操、提高智商。一些儿童推理类的书籍，对提高孩子的智商极有帮助。

但是，我们让孩子阅读的时候，不要以自己的爱好，或者专家的推荐去给孩子买书，因为孩子对事物的认知能力跟我们、专家不一样，有些书并不适合他们阅读。例如，一位家长给上二年级的孩子买了《哈克贝利·费恩历险记》，发现孩子根本没看其中最精彩的地方。因为那里讲到了莎士比亚的戏剧，孩子完全不了解，自然没有阅读的兴趣。所以我们不妨先从孩子的兴趣和认知力入手，这样更有利于孩子养成阅读兴趣。

3.快速行动。我们做一些事的时候都难免拖拉，更何况是孩子了。因此，要通过合理的方法来训练孩子快速行动的能力，而不是一味地催促孩子。例如，一些游乐场有电子投篮机，对在规定时间内投进次数多的孩子有奖励，其自然愿意玩。我们在孩子写作业的时候，也可以根据其完成的速度给予奖励，以保证孩子能快速进入学习状态。

4.懂规矩。孩子在学习的过程中，一定要与老师、同学、家长打交道，才能保证学习良好地进行。因此，我们必须让孩子懂规矩。例如，在学校遵守课堂纪律、与同学友好相处；在家尊重长辈，不对父母提出无理的要求。孩子懂规矩，才能受到老师、同学和家长的欢迎，在学习上才能得到更多的帮助。

此外，懂规矩也是孩子健康成长的重要保障，遵守交通规则、法律制度，可保证孩子的人身安全。

5.加强记忆。孩子会忘掉一些知识点。此时，我们就应该采用及时复习的方式来帮助孩子加深记忆。例如，每隔一周或半个月对孩子所学的知识进行一次测试。如果孩子的成绩优秀，就给予奖励。此外，也应该让孩子学会自测。孩子养成了良好的复习习惯，就会对知识点掌握得更加牢固。

6.养成良好的饮食习惯。这是一些家长经常忽视的习惯。因为他们认为饮食只和健康有关，跟学习无关。其实，有些食物是会伤害大脑，进而影响孩子学习的。此外，孩子身体不健康，也必然会影响学习。因此，我们应帮孩子养成良好的饮食习惯。

7.培养良好的道德品质。有人说："不能成人，何来成才。"说的就是道德品质对学习的作用。如果家长在生活中对自己要求严格，孩子在学习上就很难懒散，因为家长对孩子的榜样作用，会让孩子提高对自己的要求。所以我们一定要注重自己的言行，不要让孩子感染上坏的习惯。

好的习惯会给孩子的成长带来全方位的影响，从而让孩子的学习更有动力。所以我们应该在孩子小的时候就培养好习惯，这会让他有更好的未来。

7天速成，练就超强思维习惯

说到超强思维习惯，有些家长可能会马上想到《司马光砸缸》的故事，这就是超强思维习惯的具体表现。孩子解决问题时，能够做到果敢机制、快速灵活，离不开以下良好的思维习惯，包括：分析事物时看内部联系；多角度思考问题；具有独立思考的能力，不从众；反应速度快；思考方式独特。

那么，我们该如何帮孩子练就超强的思维习惯呢？下面，我们来看几种思考问题的方法：

1.将事物分类。这是提高孩子思维习惯的常用方法。就是按照事物之间的相同特征去将事物归类，这样有利于孩子从整体上掌握一类食物。

分类的关键是明确分类的标准。例如，我们把一位诗人归为婉约派，就应该看他诗歌的整体风格、描写的事物、塑造的意境，等等。这样的能力不仅需要知识积累，还要有分辨能力。当我们了解婉约派的风格后，遇到这一派的诗人，就能答出他们其中任何一个的风格特点了。

2.抽象与概括。这是对一类事物进行分析后，总结出特征的方法。例如，幼儿园的孩子学习数学时，先是通过实物的个数来得出抽象的数字的。如，一块蛋糕、两个苹果，抽象出“1、2”，并明白这是代表实物多少的符号。这种抽象和概括非常直观。等孩子升入高年级，了解的符号种类更多了，对事物抽象和概括的能力则变成了，理解文字、了解公式的，等等。例如，在语文中学习律诗，就要把律诗的特点分析出来，如对仗工整、合辙押韵等。这就是抽象和概括的过程，可让孩子快速发现事物的本质。

3.归纳和类比。归纳就是通过抓住事物的关键点，给事物归类。例如，牛、羊、狗、鲸鱼，都属于哺乳动物，就是用了归纳的方法。

类比是由某个事物的特征而联想到另一个事物，并进行比较。例如，朱自清描写荷花，说好像舞女的裙子。有些设计师的设计灵感就来自同类事物，如，悉尼歌剧院的造型远观像风帆。还有那些仿生学的发明就来自类比，比如潜艇是通过鱼的沉浮发明出来的，飞机是通过研究鸟的构造发明的。

4.整体思维。所谓整体思维包括两个方面，一是方法要多元化；二是知识要体系化。有些题能用几种方法去解答，我们就应该让孩子多尝试其他解法。体系化，就是把相关的知识点连成网，从整体上对知识点进行把握。例如，我们写作文讲究先谋篇，也就是先写提纲，在这一步，我们要考虑标题、中心思想、段落层次、写作风格、所选素材之间的匹配度。把这些都想好了，再动笔写，要不然只要其中一个环节不适合，整体都会受到影响。

此外，我们培养孩子整体思维的时候，应该教会孩子抓关键点，因为它会影响到整体。人们常说“牵一发而动全身”，就是这个道理。

5.推理。推理是根据已知的条件，通过逻辑分析，得出结论的过程。推理的依据有很多，例如，逻辑关系、反常现象、细节，等等。

著名推理小说家爱伦坡，写过一篇名叫《金甲虫》的小说。小说中的主人公威廉破译了海盗画在羊皮纸上的藏宝图，然后带着有些愚蠢的仆人去寻找宝藏。藏宝图上交代，要想找到宝藏，需要把一个用黄金制作的甲虫，从一个挂在树上的骷髅头左眼抛下去，落到的地点，就是藏宝地。

仆人爬上树把金甲虫扔下去后，随后两个人就开始挖宝，可是却一无所获。威廉仔细思考后对仆人说："你是个左撇子，你抓住骷髅时，就挡住了骷髅的左眼，可你却告诉我只看见了一只眼睛，并认为从这里扔下去千真万确。现在麻烦你再爬上树，用右手拿住骷髅，扔进另一个眼睛里。"

仆人照做，最后他们发现了宝藏。

我们为了训练孩子推理的能力，可以让他多留意一些报纸和杂志上的文章，让他们找出不符合逻辑的地方，孩子的推理能力慢慢就会得到提高。

可是，让孩子采用以上方法去思考问题并非轻而易举的事情，因为孩子自觉性不强，自控能力差。所以我们还需要通过思考方法以外的办法，帮孩子练就超强的思维习惯。

1.以兴趣促进孩子养成良好的思维习惯。孩子喜欢去思考一件事，通常是由兴趣开始的。兴趣带来成就感，才能推动孩子不断去探索，最后养成习惯。例如，孩子喜欢学语文，我们可以和孩子进行成语接龙的比赛。

2.帮助困惑的孩子。孩子在一些问题上会困惑，这个时候我们就应该帮助他们解决问题。但不是给出答案，而是告诉他推导的方法。这样他才能用正确的方法去开动脑筋，最后形成良好的思维习惯。

3.克服惯性思维。例如，15×4=60，但孩子看到14×5时，也算成60，而正确的结果是70 。我们就应该让孩子仔细审题。

Learning brain

activate children's brain potential

08 夜脑运行，每一场睡眠都值得认真对待

黑夜，将大脑调试到最佳状态

一项关于睡眠质量的调查显示，长期熬夜或患有失眠症的人，除了会身心疲倦、头昏眼花外，还会暴躁易怒，甚至给听力带来巨大的伤害。究其原因，这些现象的出现都与大脑疲劳有关。以往我们总是认为自己是在用眼睛、耳朵、身心在感受外界给我们传递的信息，实际上，我们是在用大脑聆听。

大脑不仅控制着我们的感官功能，还管理着我们的记忆、思想、语言、运动能力，以及与我们生存相关的一些其他器官的功能。大脑中有一个叫作脑桥的部分，可协调面部和眼睛的运动，控制听觉和面部触觉。因此，大脑功能的减弱会改变我们人的许多能力。诸多医学研究表明，睡眠严重不足的人，大脑的活动能力会急剧下降，甚至会中止活动，严重影响孩子的学习能力。

美国的一个医疗团队曾运用磁共振成像技术，测试睡眠被剥夺者在进行口语学习时的大脑状态。研究员们先测试了13名没有睡眠障碍的测试者。磁共振成像技术记录了他们从正常休息的状态到睡眠剥夺状态时，大脑学习区域活动性变化的情况。

研究发现，这些睡眠正常的测试者，在他们处于休息状态时，让其进行口语学习，大脑的颞叶被激活。可是，那些失眠患者经测试后，发现大脑不能处理听到的语言，因此他们对言语的理解能力很差。

因此，我们想让孩子在课堂上以最佳状态学习，就一定要保证孩子睡眠充足。那么究竟该如何保证？首先就是要有时间保障，其次是睡眠质量。如果孩子已经出现了睡眠障碍，我们要积极寻找能改善睡眠的方法。

关于孩子究竟应该睡多长时间好？这是医学界一直在讨论的问题。美国疾病控制和预防中心指出，成年人每晚至少应该睡7个小时；学龄儿童需要9～12小时，青少年8～10小时。

他们之所以得出上述结论，是因为检测了100名没有睡眠障碍的成年人发现，那些每晚保证6～8个小时睡眠的人，大脑功能保持不变。可是每晚睡眠不足5个半小时的人，认知能力就会改变，即使正值壮年的人也是如此。孩子和青少年为什么要比成年人睡得多？因为他们大脑能量恢复得没有成人快，所以需要更多的休息时间。

但是有一个很反常的现象。要是一个没有任何睡眠障碍的年轻人，每天睡眠超过了7个半小时，认知能力也会下降，这就是我们常说的“睡傻了”。因此，美国著名医学专家西曼说：“大脑的恢复性睡眠不能只用时间来衡量，还应该考虑质量的因素。”就我们个人来讲，大家一定听说过深度睡眠，用很短的时间就能让我们恢复大脑的功能。反之，要是一个人因呼吸暂停、噪音、上厕所等原因频繁醒来，就会严重影响深度睡眠，无法让大脑恢复正常运行。

可见，孩子若长期睡眠不足，必然会影响注意力和学习新知识的能力。但是，孩子随着学业的加重，很难保证不受干扰的睡眠。但让我们庆幸的是，我们可以通过训练大脑的来保证孩子获得更好的睡眠。下面，我们来看看，如何提高孩子的睡眠质量。

作息更规律

每天让孩子在相同的时间睡觉和起床，慢慢就会形成生物钟，大脑就会因为思维惯性很好地进入梦乡。

改善睡眠环境

这包括两个方面的改善：一是自己身心的改善，比如让孩子泡个热水澡，以保证身心放松，这有利于睡眠；二是外在环境的改善，比如让孩子在柔和的灯光下看一本内容温馨的书籍，也能帮助孩子快速进入梦乡，另外，保证房间温度适宜、安静、光线昏暗，孩子在不受外界干扰的情况下，更容易深度睡眠。

不要让孩子吃刺激肠胃的食物

不要让孩子在睡前吃辛辣的食物，这样胃肠就不会因为疼痛影响睡眠质量。

睡眠就是孩子大脑的维修站，所以我们要借助黑夜将孩子的大脑调试到最佳状态，帮孩子的大脑恢复活力，甚至利用睡眠让孩子把知识记忆得更牢固，保证来日更好地学习。

褪黑素，大脑的首席修复师

褪黑素是提高孩子睡眠质量的主要物质。它不仅会对孩子的大脑神经产生作用，还能让孩子的心跳减缓、血压下降，还可以调整孩子入睡与醒来的时间，让孩子可以自然入睡。

褪黑素是由大脑内松果体分泌腺产生的。该分泌腺会根据光线对视网膜刺激的程度来决定分泌多少褪黑素。光线越弱，分泌得越多。因此，夜间褪黑素的分泌量是白天的5～10倍。尤其是夜里2～3点，是褪黑素分泌量最大的时间段。深度睡眠必须依靠褪黑素的大量分泌。因此，我们不能总让孩子熬夜。

褪黑素除了有掌控睡眠质量的作用，还能修复人体受损的细胞。据科研发现，褪黑素不仅可以抗老化，还能抗癌。据医学研究发现，导致身体老化的主要物质是“活性氧”，它能导致动脉的硬化，从而引发心脑血管疾病。褪黑素在抗老化方面，能力是维生素E的两倍。至于抗癌方面，褪黑素能抑制癌细胞的增殖、修复DNA等。

大家一定听过“过劳死”这个词，主要就是因为过于疲劳引发了心脑血管方面的疾病。孩子的学习还没达到此种程度，但是过重、过难的学习任务，也会对孩子的心脑造成一定的伤害。而这些疾病都与褪黑素分泌的多少有明显的关系。

下面，我们来看看可以促使褪黑素分泌的几种方法。

在黑暗的卧室里睡眠

上文说，褪黑素在晚上的分泌量比白天多很多倍。原因就在于，褪黑素厌恶光。所以一旦有光进入了视网膜，褪黑素的分泌就会受到抑制。要是孩子晚上要上厕所，我们可以给孩子安装光线不强的感应灯，可防止强光导致的褪黑素停止分泌。

在睡前把灯光调暗

为了让孩子自然入睡，我们在灯光上可以采用逐渐变暗的方式。这样可减少孩子因褪黑素突然暴增带来的不适应感，对快速进入睡眠状态极有帮助。

入睡前不要使用荧光灯

孩子在睡前，可以闭上眼回忆一下学习过的知识点，等睡意来临就可以自然入睡了。但是不要开着荧光灯看书，荧光灯的光线会抑制褪黑素的分泌，这种抑制作用在关灯后还会持续几个小时的时间，所以不建议家长在孩子的卧室里安装荧光灯。

深夜最好不去超市

有些孩子有学习完去超市购物的习惯。超市大多会安装许多荧光灯，而且光线极强。它们会严重影响孩子褪黑素的分泌，不利于睡眠。

入睡前不使用电子产品

孩子如果在睡前看电脑、玩手机，必然会影响褪黑素的分泌，身体的诸多器官则无法进入睡眠的状态，因此我们必须改变孩子在睡前玩电子产品的习惯。

增强血清素的活力

血清素是合成褪黑素的重要原材料，所以我们想提高孩子的睡眠质量，就一定要先刺激血清素的分泌，并且提高血清素的活力。

下面，我们来看一下，用哪些办法可以增强孩子大脑内血清素的含量。

晒太阳。血清素的分泌系统需要强光进入视网膜才能开启，但是我们不要让孩子直视太阳，而是感受到强光就可以了。有人会问，为什么不用室内的照明灯？因为照明灯的照明度是100～700勒克斯，而刺激血清素分泌的照明度是2500～3000勒克斯，照明灯显然不够用，而太阳的照明度就算在雨天也有5000勒克斯。可见，阳光可以很好地开启血清素的分泌系统，而灯光不行。

吃早餐。大脑的能源只能转化自葡萄糖，但是葡萄糖不像脂肪可以储存，经常会一下用尽。据测试，成年人的大脑一小时要消耗5克葡萄糖。晚饭后到第二天早晨，体内的葡萄糖就有可能被消耗得一点不剩，但是大脑运转需要大量的葡萄糖，要是孩子没有吃早餐，血清素的合成水平就会下降，学习效率必然低。

因此，我们可以让孩子早晨吃香蕉、牛奶、奶酪等富含葡萄糖的食物。香蕉能提供合成血清素的维生素B_6、葡萄糖以及色氨酸，因此成为补充大脑能量的极佳食品。

做运动。孩子做运动，可以提升血清素的活力，但是因为他们学习任务重，因此，我们要为他们找到生活中比较容易操作的运动。例如，走楼梯、骑单车、玩篮球、做家务等。

腹式呼吸。简言之，把丹田之气吐出来。既可以让孩子精神放松，还能增加血清素的活力。

虽然褪黑素可以通过改善孩子的身体状态来助力孩子的学习，但是，此类药物长期服用到底会不会有副作用，目前还没有相关的数据。此外，褪黑素也不是决定睡眠质量的唯一物质。例如，能起到镇定作用的GABA（一种天然存在的非蛋白质氨基酸）也和睡眠有关。总之，我们给孩子提供此类药物时一定要小心谨慎。

了不起的我们

关于睡眠灵感，在科学界和艺术界都能找到一些例子，而且他们通过睡眠灵感取得的成就可用拍案称奇来形容。下面我们就来看一些广为流传的例子。

周期表

门捷列夫连续工作了几天后，无比疲劳。睡着后，他梦到了元素排列的顺序。醒来后，马上把它写在一张纸上，然后去检验正确性，居然准确无误。

缝纫机

美国的发明家伊莱亚斯·豪做了一个梦。在梦中，他看一个土著人拿的长矛上居然有孔洞，可以缝合衣服。于是他在打孔器的针头上打孔，并根据需要调整孔洞的大小和方向，就这样，缝纫机产生了。

为什么睡梦能创造如此大的成就？据医学研究发现，深层睡眠能激发人的创造力和想象力，所以有些人能在梦中解决自己百思不得其解的问题，或者创造出前所未有的艺术形象。

睡眠可以对存在于脑中的信息或经历进行再加工，并激发出创造的灵感，但是它不会无中生有。所以人们常说"日有所思，夜有所梦"。答案得建立在思考的基础上。

关于"睡眠灵感"和大脑的关系，科学家们依旧在研究，目前还没有发现具体哪一块区域管控着创造灵感。但是他们坚信这种灵感一定与深度睡眠和反复思索有关。

此外，梦境与现实有一个最大的区别。我们在梦里，再也不受一些思维定式的管控，而是自由发挥着大脑的潜能，所以更能调动想象力和创造力。这就是“睡眠灵感”非比寻常的原因之一。

既然“睡眠灵感”如此神奇，要是我们的孩子面对一些难题久久难以解决的话，不妨让孩子先暂停思考，好好睡上一觉，也许一觉醒来就豁然开朗了。

了解睡眠周期，保持夜脑的良性运转

德国医学家杰克·施泰因贝格尔早在1924年就从病人头部测到了电流。可是他当时无法确定这些电信号是来自头部，而不是来自心脏或皮肤。随后他为了确定电流的来处，耗时五年，做了上千次测试，终于确定这些电信号就是来自大脑。而且他发现，人在闭目养神的时候，脑电波会出现周期性的起伏，与睁开眼后的脑电波完全不同。

施泰因贝格尔马上在医学界公布了这一发现，可是当时的医学界却无人相信大脑会发出电波。但好在，后来的科学家尝试了施泰因贝格尔的实验，结果证明他没有撒谎。于是他们致力于研究脑电波。

著名脑科学研究专家阿塞林斯基发现，人在睡眠时，眼球会间歇性地快速移动。在移动的过程中，脑电波显示，大脑的活动能力就跟清醒时一样。要是我们在这个时候把人喊醒，他能详细说出梦境的内容。阿塞林斯基把这种睡眠现象称为“快速眼球运动期”。该发现一下推翻了以往医学界对睡眠的认知，即人在睡眠时，大脑身体都在休息。

一位科学家根据眼球的快速运动，把睡眠分成了几个阶段。下面，我们先来看睡眠的不同阶段，再来看如何借助睡眠来学习。

入睡期

是指孩子躺在床上，昏昏欲睡的阶段。此时，孩子的脑电波频率开始变慢，呼吸放缓、肌肉放松、大脑活动逐渐放缓、体温下降。有人把这一阶段称为浅层睡眠。要是孩子最近学习任务重，很疲惫，可能会出现一种情况：感觉自己在下坠，突然间惊醒了。

一些进化论的学者把这一现象解释为：原始人类在树

上睡眠，一旦肌肉放松，大脑就会给身体发出信号，让身体恢复紧张的状态。

深层睡眠

此阶段大概持续30分钟。此时孩子与外界几乎彻底隔离，除非你大声喊他的名字，或者有巨大的噪音，否则他不会醒。

以上两个阶段，大约用时50分钟，被一些科学家称为“非快速眼动期”。此时，大脑会产生一些零碎的想法，但是不会有情节完整的梦，一些艺术家借此阶段获得灵感。

快速眼动期

浅层睡眠结束后，孩子的大脑和身体又活跃了起来。此时，他的心跳加速、呼吸急促，眼球的转动速度也开始加快。大约持续30分钟，就会开始深层睡眠，睡眠的时间大约40分钟，所以孩子完成一个睡眠周期的时间叠加在一起大约90分钟。反复4次，则要耗时8个小时左右。

要是我们想通过睡眠保证孩子大脑的良性循环，可以对孩子进行以下训练。

适时小睡。人类在没有电灯以前，天一黑就匆匆入睡。

半夜一点左右醒来，清醒几个小时。在这段时期，他回味自己的梦或遗忘的经历，然后再次入睡，到第二天天亮醒过来。后来，有了电灯，人们晚上也能学习和工作了，于是睡眠被推迟了。这时人们分段式睡眠被改变了。有人能熬夜，有人能起早。在这种情况下分析孩子最合适的小睡时间，必须以精准的时间为参照。

你的孩子若是早上6点起床，那么他最适合的小睡时间是下午一点半。若是晚起半个小时，休息的时间则推后15分钟。大脑在适时小睡的时间里会自动学习。例如，帮孩子把课堂上所学的知识、自己的想法自动归类并储存，保证大脑良好地运转。因此，我们要想提高孩子大脑的学习水平，可以让孩子进行午休。

适度运动。如果孩子白天进行了适量的运动，会提高睡眠的质量。至于具体训练量，做150分钟中等强度的有氧运动，或者90分钟的剧烈运动比较合适。但是运动最好安排在睡前的6个小时，以免大脑兴奋影响了睡眠。

定闹钟。一些家长苦恼于闹钟对孩子毫无作用，其实定闹钟也是有讲究的。就是按照孩子完成一次睡眠所需的时间来计算。孩子过了睡眠周期，起床则相对容易。

按入睡效率，让孩子休息。例如，孩子平均睡眠时间是5个小时，可是躺在床上的时间却是6个小时，睡眠效率就是0.83。我们要是想把孩子的入睡效率提升到0.9，则应该让孩子睡上7～8个小时。

除此之外，孩子就算不困，也可以让他躺在床上放松身心，缓解大脑的疲劳。家长切记，让孩子养成良好的睡眠习惯，会对孩子的学习有巨大的帮助。